仓储与配送

邓厚琴 朱雪梅 主编

西北工业大学出版社
西安

【内容简介】 本书从基础知识入手介绍了仓储与配送的全过程。全书共分7章,分别为仓储与仓库、仓储设备与储位、仓储作业流程、包装与流通加工、配送与配送中心规划、配送方案及其设计以及配送作业过程等。每小节都附有小组模拟训练,旨在让学生将理论知识与实践结合起来,从而锻炼动手能力及分析思考能力。

本书可作为职业院校物流相关专业教材,也可供相关从业人员阅读参考。

图书在版编目(CIP)数据

仓储与配送 / 邓厚琴,朱雪梅主编. —西安：西北工业大学出版社,2023.8
 ISBN 978-7-5612-8926-6

Ⅰ. ①仓… Ⅱ. ①邓… ②朱… Ⅲ. ①仓库管理-中等专业学校-教材 ②物资配送-物资管理-中等专业学校-教材 Ⅳ. ①F253

中国国家版本馆 CIP 数据核字(2023)第 153392 号

CANGCHU YU PEISONG
仓 储 与 配 送
邓厚琴 朱雪梅 主编

责任编辑：陈　瑶	策划编辑：孙显章
责任校对：李文乾	装帧设计：李　飞

出版发行：西北工业大学出版社
通信地址：西安市友谊西路127号　　邮编：710072
电　　话：(029)88493844,88491757
网　　址：www.nwpup.com
印 刷 者：西安五星印刷有限公司
开　　本：787 mm×1 092 mm　　1/16
印　　张：11
字　　数：261千字
版　　次：2023年8月第1版　　2023年8月第1次印刷
书　　号：ISBN 978-7-5612-8926-6
定　　价：58.00元

如有印装问题请与出版社联系调换

《仓储与配送》编写组

主　编　邓厚琴　朱雪梅

副主编　宋志华　陈园园　林　清　杨华军　唐彤雯

编　者　邓厚琴　朱雪梅　宋志华　陈园园　林　清
　　　　杨华军　唐彤雯　王　丽　钟超辉　何仪丰
　　　　梁新莲　苏荣娟　唐国锐　李凤英　李昌海

前　言

仓储与配送是现代物流管理专业核心课程，本书在分析目前职业院校仓储与配送实训教学现状的基础上，以就业为导向，以学生为中心，探索符合高等职业教育和市场需求的基于校内实践课程教学模式及实施措施，以使教学内容与企业需求相融合，提高学生的就业竞争力，培养理论基础扎实、实践能力强、具有创业能力和创新精神的高素质人才。

本书共分7章。第1章仓储与仓库。合理规划仓库库区是实现"物得其所，库尽其用"和更高效率的存储必须做的工作。第2章仓储设备与储位。仓储设备是构成仓储系统的重要组成因素，完备的仓储设备可以提高仓储系统效率，提升仓储系统的水平。第3章仓储作业流程。仓储作业流程主要包括入库作业、在库管理和出库作业，是从货物入库到货物发送出库的整个过程。第4章包装与流通加工。包装与流通加工都是物流的职能，包装是物流活动的基础，流通加工是指在物流过程中进行的一些辅助的加工活动。第5章配送与配送中心规划。配送在物流活动中具有重要的地位和作用，基本涵盖物流的所有功能要素。第6章配送方案及其设计。本章主要介绍配送方案的内容和配送方案设计的基本程序。第7章配送作业过程。配送作业过程是为实现特定物流目标进行的系列有序活动的整体。

在教材编写的过程中，全体编委尽心尽力，通力合作，力图使本教材有所创新和突破，其间也参考了相关文献、资料，在此谨向其作者深表谢意。

由于编者水平有限和时间紧迫，书中难免有疏漏，恳请广大读者批评指正。

编　者

2023年5月

目 录

第1章 仓储与仓库 ... 1
- 1.1 仓储概述 ... 3
- 1.2 仓库规划 ... 6
- 本章小结 ... 13

第2章 仓储设备与储位 ... 15
- 2.1 仓储设备 ... 17
- 2.2 储位编码管理 ... 31
- 本章小结 ... 38

第3章 仓储作业流程 ... 39
- 3.1 入库作业 ... 41
- 3.2 在库管理 ... 45
- 3.3 出库作业 ... 61
- 本章小结 ... 66

第4章 包装与流通加工 ... 67
- 4.1 包装 ... 69
- 4.2 流通加工 ... 83
- 本章小结 ... 91

第5章 配送与配送中心规划 ... 93
- 5.1 配送概述 ... 95
- 5.2 配送中心 ... 101
- 5.3 配送中心规划 ... 107
- 本章小结 ... 115

第 6 章　配送方案及其设计 ································ 117
6.1　配送方案概述 ································ 119
6.2　配送方案设计的基本程序 ································ 121
本章小结 ································ 134

第 7 章　配送作业过程 ································ 135
7.1　订单处理与备货 ································ 137
7.2　拣货与配货作业 ································ 149
7.3　送货与退换货作业 ································ 158
本章小结 ································ 166

参考文献 ································ 167

第 1 章
仓储与仓库

　　剩余产品的出现,产生储存,而商品交换的频繁发生,使仓储应运而生。社会分工和专业化生产、时间和空间存在的差异等,需要储存必要的物资,来满足日益增长的社会生产和消费。伴随着仓储的兴盛,仓库的规划显得尤为重要,合理规划仓库库区是实现"物得其所,库尽其用"和更高效率的存储必须做的工作。

1.1 仓储概述

▶ **学习目标**

知识目标：掌握仓储的含义，了解仓储的功能和发展方向。
技能目标：能识别仓储的不同用途，能根据仓储的用途选择合适的仓储方式。
素质目标：培养独立思考意识，勇于表达自我观点，树立现代仓储理念。

▶ **案例导入**

2008年，被誉为"千年药都"的甘肃陇西气候干旱，降雨稀少，工农业生产受到严重影响。当地利用干旱的气候特点开始发展中药材仓储业，实现了当地群众增收致富。

中药材经销行业有一条不成文的规矩：市场价格低时购进，价格上涨时再售出。因此，选择一个干燥通风的储藏环境成了整个经营过程中的重要环节。陇西县属于干旱半干旱地区，全年降雨量超过400 mm，加之光照比较充足，非常利于中药材的储藏。经销商在陇西文峰镇每存放一件中药材，每月只需花费0.8元，而南方潮湿多雨需要动用空调，每存放一件中药材，每天需花费2元。因此，陇西成了各大药商的首选之地，被称为"天然药仓"。

问题：什么是仓储？仓储的功能有哪些？仓储未来的发展方向有哪些？

1.1.1 仓储的含义

"仓"即仓库，为存放、保管、储存物品的建筑物和场地的总称，可以是房屋建筑、洞穴、大型容器或特定的场地等，具有存放和保护物品的功能。

"储"即储存、储备，表示收存以备使用，具有收存、保管、交付使用的含义。仓储是对有形物品提供存放场所，并在这期间对存放物品进行存储、保管、控制的过程。

我国国家标准《物流术语》(GB/T 18354—2021)对仓储的定义：利用仓库及相关设施设备进行物品的入库、存储、出库的活动。

1.1.2 仓储的功能

1. 基本功能

仓储的基本功能是指为了满足市场的基本储存需求，仓库所具有的基本的操作或行为，包括储存、保管、拼装、分类等基础作业。

2. 增值功能

通过基本功能的实现而获得的利益体现了仓储的基本价值。增值功能则是指通过高质量的仓储作业和服务，使经营方或供需方获取额外的利益，这个利益称为附加增值。这是物流中心与传统仓库的重要区别之一。增值功能的典型表现方式如下：

1) 提高客户的满意度。当客户下达订单时，物流中心能够迅速组织货物，并按要求及时送达,提高客户对服务的满意度,从而增加潜在的销售量。

2)传递信息。在仓库管理的各项事务中,经营方和供需方都需要获得及时而准确的仓库信息。

3. 社会功能

仓储的基本功能和增值功能会给整个社会物流过程的运转带来不同的影响,良好的仓储作业与管理会带来正面的影响。可以从以下三个方面理解仓储的社会功能。

1)时间调整功能。一般情况下,生产与消费之间会产生时间差,通过储存,可以克服货物产销在时间上的隔离(如季节生产但需全年消费的大米)。

2)价格调整功能。生产和消费之间会产生价格差,供过于求、供不应求都会对价格产生影响,而仓储可以克服货物在产、销量上的不平衡,达到调控价格的效果。

3)衔接商品流通的功能。为保证商品流通过程连续进行,就必须有仓储活动。仓储可以防范突发事件,保证商品顺利流通。

1.1.3 仓储的发展方向

1. 仓储专业化

仓储专业化是指通过专业化的发展提供个性产品,将企业资源充分应用到有优势的项目上,以提高效益,形成竞争的良好态势。

2. 仓储标准化

仓储标准化是指在仓储活动中遵照法律法规规定的仓储标准或行业普遍实行的惯例。这不仅有助于实现仓储环节与其他环节的密切配合,也是提高仓库内部作业效率、充分利用仓储设施和设备的有效手段,是开展信息化、机械化、自动化仓储的前提条件。

仓储标准化主要包括包装标准化、标志标准化、托盘标准化、容器标准化、计量标准化、条形码标准化、作业工具标准化、仓储信息等技术标准化,还有服务、单证报表、合同格式等的标准化。

3. 仓储自动化

仓储自动化是指对仓储作业进行计算机管理和控制。在仓储作业中通过物流条形码技术、射频通信、数据处理、仓储信息管理等技术,指挥堆垛机、传送带、自动导向车和自动分拣机等自动设备完成仓储作业,同时完成报表、单证的制作和传送。对于危险品仓库、冷藏库等特殊仓库,应采用温度、湿度自动监控技术,以确保仓储安全。

4. 仓储信息化

仓储信息化是指通过计算机和相关信息输入/输出设备,对货物的识别、整理、入库、保管、出库进行操作管理,并进行账目处理、货位管理、存量控制,制作各种报表和提供实时的信息查询。仓储信息化管理是提高仓储效率、降低仓储成本的必要途径。因为物流中心和配送中心的存货品种繁多,存量差异巨大,出入库频率各不相同,所以要提高仓库利用率,保持高效率的货物周转,实施精确的存货控制,就必须通过信息系统进行信息管理和处理。

5.仓储管理科学化

仓储管理科学化是指在仓储管理中采用合理、高效、先进的管理模式和方法,实现高效率、高效益的仓储。仓储管理科学化包括管理体制、管理组织、管理方法三个方面,主要内容为采用高效化的组织机构,实行规章化的责任制度,建立动态的奖励分配制度,实施有效和系统的职工教育培训制度。

▶ 小组模拟训练

(1)训练目标

灵活地运用所学知识,解决实际问题,正确识别各种类型的仓库。

(2)岗位角色

将全班学生分组,每组 5~8 人。

(3)训练内容

1)解答本节"案例导入"提出的问题。

2)指出图 1-1 中仓库的名称。

(a)

(b)

(c)

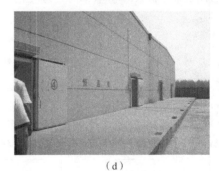
(d)

图 1-1 仓库类型

(4)训练步骤

1)通过多种途径搜集资料。

2)各小组讨论并回答问题。

3)教师点评,并为各小组评分。

(5)注意事项

1)查询的相关资料要准确。

2)要相互配合,充分发挥团队精神。

3)遵守纪律,听从指挥,表现出良好的综合素质。

(6)考核标准

考核评分表如表1-1所示。

表1-1 考核评分表

考评人		被考评人	
考评地点		考核时间	
考评内容		仓储概念实训	
考评标准	具体内容	分值	实际得分
	案例分析透彻与否	30	
	能否正确说出仓库的名称	20	
	资料搜集是否充足	15	
	小组讨论情况	20	
	问题的回答情况	15	
	合计	100	

1.2 仓库规划

▶学习目标

知识目标：掌握仓库总平面布局的含义和原则、仓库基本分类，掌握库房货区规划的基本思路和布置形式。

技能目标：能合理地进行仓库布局，并完成库房货区规划。

素质目标：加深对仓库布局合理化的理解，树立合理进行库区布局的意识。

▶案例导入

沃尔玛(中国)投资有限公司(以下简称"沃尔玛公司")天津市北辰仓库的主要业务有货物的存储、拣选、流通加工、配送。

问题：

1)根据该仓库业务进行仓库总平面布局和库房货区的设计。

2)对图1-2所示的仓库平面布局进行优化。

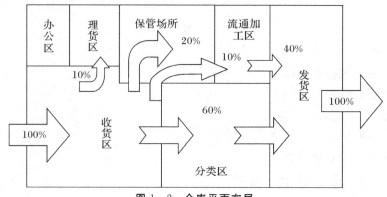

图1-2 仓库平面布局

合理的仓库总平面布局和库房货区规划是仓储业务的客观需要，其合理与否将直接影响各项工作的效率和储存物资的安全。

1.2.1 仓库的分类

仓库一般指具有储存设施，对物品（物资）进行集中、整理、保管和分发等工作的场所。在我国，最初"仓"和"库"是两个概念，"仓"是指储存粮食的地方，"库"是指储存兵器的库房。后来人们将二者合一，凡是储存物品的场所均称为仓库。仓库有如下几种不同的分类标准。

1. 按仓库的使用范围分类

1) 自用仓库。自用仓库是生产或流通企业为本企业经营需要而修建的附属仓库。它用于储存本企业的原材料、燃料、产成品等货物。

2) 营业仓库。营业仓库是一些企业专门为了经营储运业务而修建的仓库。

3) 公用仓库。公用仓库是由国家或某个主管部门修建的为社会服务的仓库，如机场、港口、铁路的货场和库房等。

4) 出口监管仓库。出口监管仓库是经海关批准，在海关监管下存放已按规定领取了出口货物许可证或批件，以及已对外买断结汇并向海关办完全部出口海关手续的货物的专用仓库。

5) 保税仓库。保税仓库是经海关批准，在海关监管下专供存放未办理关税手续而入境或过境的货物的仓库。

2. 按保管物品的种类分类

1) 综合库。综合库指用于存放多种不同属性物品的仓库。

2) 专业库。专业库指用于存放一种或某一大类物品的仓库。

3. 按仓库的储存条件分类

1) 普通仓库。普通仓库是指用来存放在保管上没有特殊要求的商品的仓库，如存放黑色金属、建材的仓库。

2) 保温仓库。保温仓库是指用来存放不宜低温或冷冻保存的商品的仓库，如存放疫苗的药品库。

3) 恒温恒湿仓库。恒温恒湿仓库是指用来存放对环境温度、湿度有严格要求的商品的仓库，如存放精密的仪器仪表的库房。

4) 冷藏库。冷藏库是指用来存放不耐高温的商品的仓库，如存放鱼、肉、蛋等商品的库房。

5) 危险品仓库。危险品仓库是指用来存放具有易燃、易爆、剧毒等特性的商品的仓库。仓库一般配备专用的储存设备和安全消防设施，如存放黑色炸药、化工燃料等商品的库房。

4. 按仓库的功能分类

1) 集货中心。集货中心是将零星货物集中成批量货物的物流据点。集货中心可设在生产点数量很多,但每个生产点产量有限的地区。

2)分货中心。分货中心是主要从事分货工作的物流据点。利用分货中心可以降低运输费用。

3)转运中心。转运中心主要承担货物在不同运输方式间的转运。

4)加工中心。加工中心的主要工作是进行流通加工。

5)储调中心。储调中心以储备为主要工作内容,其功能与传统仓库基本一致。

6)配送中心。配送中心是从事配送业务的物流场所或组织。

7)物流中心。物流中心是从事物流活动的场所与组织,基本符合下列要求:主要面向社会,物流功能健全,信息网络完善,少品种、大批量,存储、吞吐能力强,统一经营管理物流业务。

1.2.2 仓库总平面布局

1. 仓库总平面布局的含义

仓库总平面布局是指在规定的范围内对仓库的各个组成部分和平面进行合理、协调的系统布置,使仓库的各项功能得到最大限度的发挥。

2. 仓库总平面布局的基本原则

1)有利于物品的储存保管。

2)有利于实现作业的优化。

3)有利于仓库安全。

4)有利于节省投资。

5)有利于仓库的扩充。

6)库区的总体布局整齐美观。

3. 仓库的构成

一个仓库通常由生产作业区、辅助生产区和行政生活区三大部分组成。

1)生产作业区是仓库的主体部分,也是商品储运的活动场所,包括验货区(装卸台)、储货区(库房、货场)、通道(铁路专用线、通路)、拣货区、流通加工车间等。

2)辅助生产区是为商品储运保管工作服务的辅助车间或服务站,包括车库、变电室、油库、维修车间等。

3)行政生活区是仓库行政管理人员和员工休息的生活区域,一般设在仓库入口附近,便于业务接洽和管理。行政生活区与生产作业区应分开,并保持一定距离,以保证仓库的安全及行政人员和其他员工休息生活的安静。

1.2.3 仓库货区规划

1. 仓库货区规划的基本思路

1)根据物品特性分区分类储存,将特性相近的物品集中存放。

2)将单位体积大、单位质量大的物品存放在货架底层,并且靠近出库区和通道。

3)将周转率高的物品存放在进出库装卸、搬运最便捷的位置。

4)将同一供应商或同一客户的物品集中存放,以便于进行分拣配货作业。

2. 仓库货区规划应注意的问题

1)仓库要靠近经营现场且通道顺畅。

2)每个货仓都要有相应的进仓门和出仓门,并有明确的标示牌。

3)货仓办公室尽可能设置在仓区附近,并有货仓名标示牌。

4)测定货仓的安全存量、理想最低存量或定额存量,并有标示牌。

5)仓区内要留有必要的废次品存放区、物料暂存区、待验区、发货区等。

6)按存储容器的规格、楼面载重承受能力和叠放的限制高度将仓区分为若干仓位,并用油漆或美纹胶在地面标明仓位名、通道和通道走向。

7)仓区设计必须将安全因素考虑在内,须明确规定消防器材所在位置、消防通道和消防门的位置及救生措施等。

8)每个货仓的进口处,须张贴货仓平面图,标明该仓库所在的地理位置、周边环境、仓区仓位、仓门、各类通道、门、窗和电梯等。

3. 仓库货区规划的形式

(1)仓库货区布置

1)仓库的平面布置。根据库存各类物品在仓库中的作业成本,可将其分为 A、B、C 三类:A 类物品作业量大,应占据最有利的货位;B 类次之;C 类再次之。平面布置的形式主要分为垂直式布局和倾斜式布局两种。

①垂直式布局。垂直式布局包括横列式布局、纵列式布局、纵横式布局。

横列式布局是指货垛或货架的长度方向与仓库的侧墙互相垂直,如图 1-3 所示。其主要优点有主通道长且宽、副通道短,货垛整齐美观,便于存取盘点,如果用于库房布局,还有利于通风和采光。

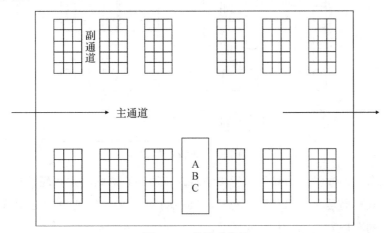

图 1-3 横列式布局

纵列式布局是指货垛或货架的长度方向与仓库侧墙平行,如图1-4所示。其主要优点有可以根据库存物品在库时间的不同和进出频繁程度安排储位,将在库时间短、进出频繁的物品放置在主通道两侧,将在库时间长、进出不频繁的物品放置在里侧。

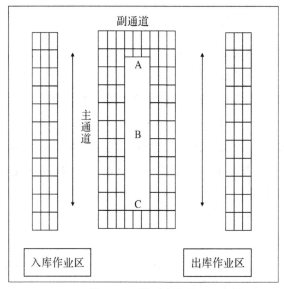

图1-4 纵列式布局

纵横式布局是指在同一保管场所内,横列式布局和纵列式布局兼而有之,可以综合利用两种布局的优点,如图1-5所示。

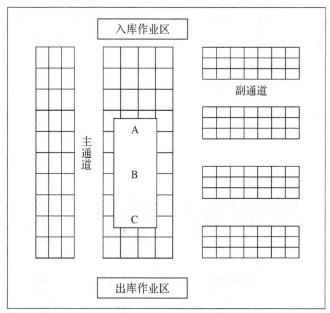

图1-5 纵横式布局

②倾斜式布局。倾斜式布局包括货垛倾斜式布局和通道倾斜式布局两种。

货垛倾斜式布局是横列式布局的变形,它是为了便于叉车作业、缩小回转角度及提高作业效率而采用的布局方式,如图1-6所示。

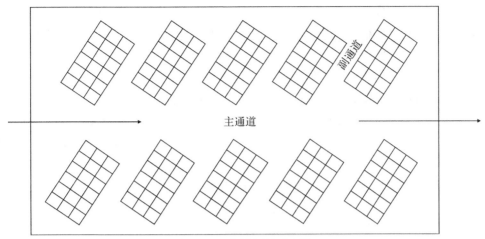

图 1-6 货垛倾斜式布局

通道倾斜式布局是指仓库的通道斜穿保管区,把仓库划分为具有不同作业特点的区域,如大量储存和少量储存的保管区等,以便进行综合利用。在这种布局形式下,仓库内的形式复杂,货位和进出库路径较多,如图 1-7 所示。

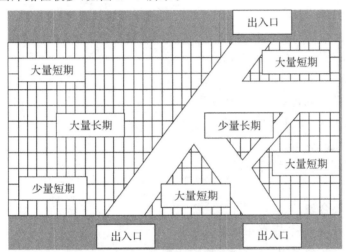

图 1-7 通道倾斜式布局

2) 仓库的空间布置。仓库的空间布置也称为仓库内部竖向布局,是指库存物品在仓库立体空间上的布局。其目的是充分有效地利用仓库空间,主要形式有就地堆码(见图 1-8)、货架存放(见图 1-9)、架上平台、空中悬挂等。

图 1-8 就地堆码

图 1-9 货架存放

(2)库内非保管场所的布置

库内非保管场所包括通道、墙间距、收发货区、保管员办公室等,应尽量扩大保管面积,缩小非保管面积。

1)通道。库房内的通道分为运输通道(主通道)、作业通道(副通道)和检查通道。运输通道为 1.5~3 m(若装有桥吊会更窄),作业通道为 1 m 左右,检查通道为 0.5 m 左右。

2)墙间距。墙间距一般宽度为 0.5 m 左右,当兼作作业通道时,其宽度需增加 1 倍。

3)收发货区。收发货区的面积应根据一次收发货的数量、效率、设备、均衡性和发货方式等情况确定。

4)保管员办公室。保管员办公室可设在库内或库外,但危险品库的保管员办公室一律设在库外。

▶小组模拟训练

(1)训练目标

能进行正确的仓库库区布局。

(2)岗位角色

将全班学生分组,每组 3~6 人。

(3)训练内容

解答本节"案例导入"提出的问题。

(4)训练步骤

1)小组讨论并完成仓库布局及其优化。

2)小组完成作业,并制作 PPT 课件。

3)小组进行作品展示。

4)教师点评,并为各小组评分。

(5)注意事项

1)仓库布局要合理。

2)优化仓库布局,使仓库利用率最大化。

3)小组成员之间相互配合,充分发挥团队精神。

(6)考核标准

考核评分表如表 1-2 所示。

表 1-2 考核评分表

考评人			被考评人	
考评地点			考核时间	
考评内容		仓库库区布局实训		
考评标准	具体内容		分值	实际得分
	仓库布局是否合理		25	
	仓库布局的优化情况		25	
	PPT 制作是否精美		15	
	作业的讲解效果		20	
	问题的回答情况		15	
	合计		100	

本 章 小 结

仓储是利用仓库及相关设施设备进行物品的入库、存储、出库的活动。仓储的基本功能包括储存、保管、拼装、分类等基础作业。增值功能则是指通过高质量的仓储作业和服务,使经营方或供需方获取额外的利益。社会功能主要包括时间调整功能、价格调整功能和衔接商品流通的功能。仓库按照不同的标准可以分成不同的类别。仓储未来将向着专业化、标准化、自动化、信息化、管理科学化的方向发展。

仓库与仓储不分家,仓库根据使用范围、保管物品种类、储存条件及功能进行具体分类。仓库总平面布局包括仓库总平面布局的含义、原则及仓库构成。库房货区规划包括规划的基本思路、应注意的问题和规划的形式。

第 2 章 仓储设备与储位

仓储设备是构成仓储系统的重要组成因素,担负着仓储作业的各项任务,影响着仓储活动的每一个环节,在仓储活动中处于十分重要的地位。完备的仓储设备可以提高仓储系统效率,提升仓储系统的水平,降低构筑仓储系统的成本。

2.1 仓储设备

▶学习目标

知识目标：掌握仓储设备的含义，了解货架、托盘、叉车、堆高车、RF（Radio Frequency，射频）手持终端的特点、分类、结构及使用方法。

技能目标：能根据存储货物的要求选择合适的货架、托盘，能正确操作叉车、堆高车、RF手持终端、智能拣货车。

素质目标：遵守操作规程，具有安全意识和良好的团队合作精神。

▶案例导入

深圳福保赛格实业有限公司（以下简称"福保赛格"）在深圳市福田保税区拥有 28 000 m^2 的保税仓。福田保税区的特点在于有通向香港落马洲的进出境通道和通向深圳市区的进出关通道。

福保赛格的利润来源是对以仓库库位出租为核心的物流服务项目进行收费。它的基本收费项目是仓租，还有装车、卸车、并柜/拼箱，对货品进行贴标、缩膜打板、换包装、简单加工（如分包、重新组合包装、简单装配等），以及代客户进行报关、报检等。

福保赛格的仓库主要是平面仓，有部分库区采用立体货架。仓库中以托盘为基本搬运单元，用叉车（包括地牛）进行进出库搬运和库内搬运。仓库一楼是越仓区，有五辆燃气动力叉车，二楼到十楼为储存区，每层都有一两台电动叉车。楼中有两个大型货运电梯。车辆停靠的月台有十多个车位，可以停靠货柜车、厢式车等多种型号的运输车辆。

问题：

1）福保赛格的仓库中有哪些仓储设备？

2）假设你所在的仓储企业要新建一座仓库，请你为新建的仓库配置仓储设备。

2.1.1 仓储设备的概念和分类

仓储设备是指能够满足储存和保管物品需要的技术装置及机具，具体可分为装卸搬运设备、保管设备、计量设备、养护检验设备、通风照明设备、消防安全设备、劳动防护设备等。

1.装卸搬运设备

装卸搬运设备是用于货物的出入库、库内堆码及翻垛等作业的重要设备。这类设备对改进仓储管理、减轻劳动强度、提高收发货效率具有重要作用。装卸搬运设备可分为以下几种：

1）装卸堆垛设备，主要包括桥式起重机、轮胎式起重机、门式起重机、叉车、堆垛机、滑车、跳板及滑板等。

2）搬运传送设备，主要包括电瓶搬运车、皮带输送机、电梯及手推车等。

3）成组搬运工具，主要包括托盘等。

2. 保管设备

保管设备是用于保护仓储货物质量的设备,主要可归纳为以下几种。

1)苫垫用品,包括苫布(油布、塑料布等)、苫席、枕木、石条等,起遮挡雨水和隔潮、通风等作用。

2)存货用具,包括各种类型的货架、货橱。货架,即存放货物的敞开式格架。根据仓库内的布置方式不同,货架可采用组合式或整体焊接式两种。整体焊接式货架的制造成本较高,不便于货架的组合变化,因此较少采用。货架在批发、零售量大的仓库,特别是立体仓库中起很大的作用。它既便于货物的进出,又能提高仓库容积利用率。货橱,即存放货物的封闭式格架,主要用于存放比较贵重的或需要特别养护的商品。

3. 计量设备

计量设备用于商品进出时的计量、点数,以及存货期间的盘点、检查等,如地磅、轨道秤、电子秤、电子计数器、流量仪、皮带秤、天平仪及磅秤、卷尺等。随着仓储管理现代化水平的提高,现代化的自动计量设备将会得到更多的应用。

4. 养护检验设备

养护检验设备是指货物入库验收和在库内保管测试、化验,以及防止货物变质、失效的机具和仪器,如温度仪、测潮仪、吸潮器、烘干箱、风幕、空气调节器、商品质量化验仪器等。在规模较大的仓库中,这类设备使用较多。

5. 通风照明设备

通风照明设备是根据货物保管和仓储作业的需要而设的。

6. 消防安全设备

消防安全设备是仓库必不可少的设备,包括报警器、消防车、手动抽水器、水枪、消防水源、砂土箱、消防云梯等。

7. 劳动防护设备

劳动防护设备主要用于确保仓库职工在作业中的人身安全。

2.1.2 货架

1. 货架的定义

货架是指由立柱、隔板或横梁等组成的立体的储存物品的设施。其主要功能如下:

1)货架是一种架式结构,可充分利用仓库空间,提高库容利用率和仓库储存能力。
2)存入货架中的货物互不挤压,物资损耗小,可完整保证货物本身的功能,减少货物损失。
3)将货物放在货架中,存取方便,便于清点及计量。
4)货物在存入货架时,可以采取防潮、防尘、防盗、防破坏等措施,以提高货物存储质量。
5)很多新型货架的结构及功能有利于实现仓库的机械化及自动化管理。

2. 货架的分类

1) 托盘货架,是指可以连同托盘一起放置的货架或带有托盘的台板式货架。它的结构简单,安装简易,费用经济,不受先后顺序的影响,适合存放整托盘货物,如图2-1所示。

2) 阁楼式货架,可有效增加空间利用率,上层不适合重型搬运设备运行,上层物品搬运需垂直输送。该类货架适用于各类货物的存放,上层放轻的货物,可有效利用空间,如图2-2所示。

3) 悬臂式货架,不便于机械化作业,需配合跨距较宽的设备,其空间利用率低,适用于长条状或长卷状货物,如图2-3所示。

4) 驶入式货架,是指托盘的存入由里向外逐一存放的货架。该类货架适合先进后出,库容率可以达到90%,如图2-4所示。

5) 重力式货架,利用自身重力使托盘沿滚筒线方向下滑,满足"先进先出"的原则,如图2-5所示。

6) 流利式货架,通过滚轮将货物从一端送到另一端,可以利用货物自重实现货物的先进先出,如图2-6所示。

图2-1 托盘货架

图2-2 阁楼式货架

图2-3 悬臂式货架

图2-4 驶入式货架

图2-5 重力式货架

图2-6 流利式货架

2.1.3 托盘

1. 托盘的定义

托盘是指用于集装、堆放、搬运和运输作为单元负荷的货物和制品的水平平台装置。托盘是为了有效地装卸、运输和保管货物,将货物按一定数量组合放置于一定形状的台面上,这种台面有供叉车插入并将其托起的插入口。以这种结构为基本结构的平台和在这种基本结构上形成的各种形式的集装器具均可称为托盘。托盘的出现也促进了集装箱和其他集装方式的形成及发展。托盘已成为和集装箱一样重要的集装方式,两者是集装系统的两大支柱。

随着叉车的出现,托盘成为在工业领域广泛应用的单元化器具。为提高出入库效率和仓库利用率,实现储存作业的机械化,采取货物带托盘的存储方法,可以消除转载时码盘拆盘的繁重体力劳动,逐渐实现托盘流通与联营,达到托盘装卸—托盘搬运—托盘储存—托盘售货的一贯化托盘物流。

2. 托盘的分类

(1) 平托盘

平托盘是指在承载面和支撑面间夹以纵梁构成可集装物料,并可使用叉车或搬运车等进行作业的货盘。平托盘由双层板或单层板另加底脚支撑构成,无上层装置,如图2-7所示。

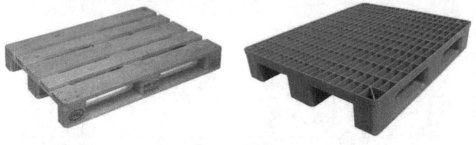

图 2-7 平托盘

平托盘有以下几种分类方式:
1) 按叉车插入方式,平托盘可分为单向叉入型、双向叉入型、四项叉入型三种。
2) 按承运货物台面,平托盘可分成单面形、单面使用形、双面使用形、翼形四种。
3) 按材料,平托盘可分为木制品托盘、钢制托盘、铝合金托盘、胶合板托盘、塑料托盘、纸板托盘、复合材料托盘等。

(2) 箱式托盘

箱式托盘是指在托盘上面带有箱式容器的托盘,如图2-8所示。箱式托盘具有上层结构,其四周至少有三个侧面固定,一个侧面是可折叠的垂直面。箱式托盘可分为有盖的和无盖的,有盖的板壁箱式托盘与小型集装箱无严格区别,适用于装载贵重货物,而无盖的板壁箱式托盘适于企业内装载各种零件、元器件。

图 2-8　箱式托盘

(3) 柱式托盘

托盘的四角有四根立柱的托盘称为柱式托盘,如图 2-9 所示。柱式托盘没有侧板,在托盘上部的四个角有固定式或可卸式立柱,有的柱与柱之间有连接的横梁,使柱子呈门框形。

柱式托盘是在平托盘的基础上发展起来的,其特点是在不压货物的情况下可进行码垛。它多用于包装物料、棒料、管材等的集装。

柱式托盘还可以作为可移动的货架、货位。不使用时,可叠套存放,以节约空间。

(4) 轮式托盘

托盘底部有四个小轮的托盘称为轮式托盘,如图 2-10 所示。轮式托盘是在平托盘、柱式托盘或网箱托盘的底部装上脚轮而构成的,既便于机械化搬运,又便于短距离的人力移动。

轮式托盘适用于企业工序间的物流搬运,也可在工厂或配送中心装上货物运送到商店,直接作为商品货架的一部分。

图 2-9　柱式托盘　　　　　图 2-10　轮式托盘

托盘还可按使用寿命的不同分为消耗性托盘和循环性托盘两种,按使用形式的不同一般分为通用托盘和专用托盘。

3. 托盘标准化

托盘标准化直接影响物流标准化进程和现代物流产业的运作成本,而世界各国使用托盘的历史不同,各国的托盘尺寸均有不同。

现行国际托盘标准有六种尺寸:1 200 mm×800 mm、1 200 mm×1 000 mm、1 140 mm×1 140 mm、1 016 mm×1 219 mm、1 100 mm×1 100 mm 和 1 067 mm×1 067 mm。

我国国家标准《联运通用平托盘 主要尺寸及公差》(GB/T 2934—2007)规定的托盘平面尺寸为 1 200 mm×1 000 mm 和 1 100 mm×1 100 mm,优先推荐使用 1 200 mm×1 000 mm。

目前,行业中形成了三大地区托盘核心尺寸。美国的国家标准托盘尺寸为 1 219 mm×1 016 mm,加拿大和墨西哥为 1 000 mm×1 000 mm,澳大利亚为 1 165 mm×1 165 mm 和 1 100 mm×1 100 mm。欧洲国家采用 800 mm×1 200 mm 的较多,而德国、英国和荷兰采用 800 mm×1 200 mm 和 1 000 mm×1 200 mm 两种尺寸,北欧各国采用 800 mm×1 200 mm 的统一型托盘。亚洲国家,以日本、韩国、新加坡等为核心,较多采用 1 100 mm×1 100 mm 的托盘,且普及率在逐年升高,并逐渐影响我国,出现应用范围扩大至整个亚洲的趋势。

托盘集合包装所集装的货物单元体积一般为 1 m^3 以上,高度为 1.1 m 或 2.2 m,载重为 500~2 000 kg。

2.1.4 叉车

叉车是具有各种叉具,能够对物品进行升降、移动及装卸作业的搬运车辆。它起源于 20 世纪,在第二次世界大战后得到广泛应用。叉车的主要技术参数是额定载重量和最大起升高度。

1. 叉车的特点

1)机械化程度高。
2)通用性好。
3)机动灵活性好。
4)能够提高仓库容积的利用率。
5)有利于开展托盘成组运输和集装箱运输。
6)节约劳动力。

2. 叉车的分类

(1)按照动力装置分类

按照动力装置的不同,叉车可以分为手动液压叉车(见图 2-11)、内燃式叉车(见图 2-12)和电动叉车。

图 2-11 手动液压叉车

图 2-12 内燃式叉车

1)手动液压叉车。手动液压叉车(又称手动液压搬运车)是一种小巧方便、使用灵活、载重量大、结实耐用的货物搬运工具,俗称"地牛"。手动液压叉车除了具有托运货物的功能外,为了方便起降货物,车底盘与轮之间带有液压装置,可以方便地将车推入货箱底座之下,然后用液压装置将底盘升高,托起货物,便可拖动货物移动。到达目的地后,用液压装置将底盘降落,货物也随之落地,可以方便地抽出搬运车,省去了人力搬运的复杂过程。手动液压叉车的结构如图 2-13 所示。

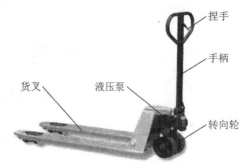

图 2-13　手动液压叉车的结构

2)电动叉车。电动叉车以蓄电池为动力源,与内燃叉车相比,具有无污染、易操作、节能高效等优点。电动叉车的结构如图 2-14 所示。

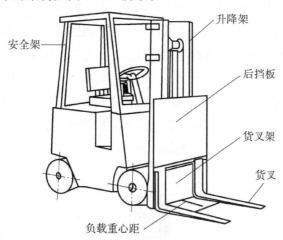

图 2-14　电动叉车的结构

①安全架:保护操作者头部。
②升降架:可设计成多段式。升降架大部分是液压式的,也有采用电动提升装置的。
③货叉架:用于固定货叉和有关附件。
④后挡板:用于货物倒塌时保护操作者。
⑤货叉:用于直接搬运物品,一般宽 100~150 mm,长 1000~1200 mm,厚 40mm。两叉距离根据货物尺寸可以调整。
⑥负载重心距:负载重心到货叉架的距离,是决定负载能力的因素之一。当负载在 4 500 kg 以下时,标准负载重心距为 0.6 m;当负载重心距大于 3.6 m 时,叉车提升的高度将大大降低。负载重心距是决定负载安全的重要因素。

(2)按照结构特点分类

按照结构特点的不同,叉车可以分为前移式叉车、集装箱叉车(见图2-15)、侧面式叉车(见图2-16)、电动搬运车等。

图2-15 集装箱叉车

图2-16 侧面式叉车

2.1.5 堆高车

堆高车是对成件托盘货物进行装卸、堆高、堆垛和短距离运输作业的各种轮式搬运车辆,一般可分为全电动堆高车(见图2-17)、半电动堆高车、手动堆高车三种。

堆高车结构简单、操控灵活、微动性好、防爆安全性能高,适用于狭窄通道和有限空间内的作业,是高架仓库、车间装卸托盘化的理想设备。它可广泛应用于石油、化工、制药、轻纺、军工、油漆、颜料、煤炭等工业场所,以及港口、铁路、货场、仓库等含有爆炸性混合物的场所,并可进入船舱、车厢和集装箱内进行托盘货物的装卸、堆码和搬运作业。堆高车主要由以下几部分组成:升降架,使货叉在升降时上、下来回移动;货叉架,用于固定货叉;货叉,用于叉取托盘;链条;保护栏;方向控制手柄,控制行驶方向;护翼(左右),保护操作员安全;踏板,供操作员站立。

图2-17 全电动堆高车

2.1.6 RF手持终端

RF拣选系统是一种利用射频通信技术对采集的数据进行无线传输的通信系统,包括无线数据采集器、无线网关和服务器。这里主要介绍无线数据采集器,即 RF 手持终端,如图 2-18 所示。

图 2-18 RF 手持终端

1. RF 手持终端的特性

RF 手持终端主要有以下几个方面特性:

1)有操作系统,如 Windows、Linux 等。

2)有内存储器、CPU(中央处理器)、显卡等。

3)有屏幕和键盘。

4)自身有电池,可以移动使用。

5)能与其他设备进行数据通信。

6)有人机界面,具有显示和输入功能及数据传输处理能力。

2. RF 手持终端的分类

RF 手持终端按照使用范围的不同可以分为消费类手持终端和工业类手持终端,如表 2-1 所示。

表 2-1 手持终端的分类

序号	类别	应用
1	消费类手持终端	智能手机、掌上电脑(personal digital assistant,PDA)、平板电脑
2	工业类手持终端	工业 PDA、条形码手持终端、射频识别(radio frequency identification,RFID)手持终端

▶小组模拟训练

1. 仓库设备配置

要求小组讨论、模拟,以小组为单位提交电子作业。

(1)训练目标

能正确识别仓储设备,能为新建仓库进行设备的配置。

(2)岗位角色

将全班学生分组,每组5~8人。

(3)训练内容

1)解答本节"案例导入"提出的问题。

2)为新建的仓库进行设备的配置。

(4)训练步骤

1)通过多种途径搜集资料。

2)各小组回答问题并模拟仓储设备配置的过程。

3)以小组为单位完成作业,并制作PPT课件。

4)进行作品展示。

5)教师点评,并为各小组评分。

(5)注意事项

1)查询的相关资料要准确。

2)小组成员之间要相互配合,充分发挥团队精神。

3)以PPT形式完成作业。

4)遵守纪律,听从指挥,表现出良好的综合素质。

(6)考核标准

考核评分表如表2-2所示。

表2-2 考核评分表

考评人		被考评人	
考评地点		考核时间	
考评内容	仓储设备配置实训		
考评标准	具体内容	分值	实际得分
	案例分析透彻与否	30	
	仓库设备配置是否合理	20	
	PPT制作是否精美	15	
	作业的讲解效果	20	
	问题的回答情况	15	
	合计	100	

2.手动液压叉车基本操作

(1)训练目标

熟练掌握手动液压叉车的操作方法,熟练使用手动液压叉车进行搬运,使用手动液压叉车进行准确定位。

(2)岗位角色

将全班学生分组,每组5~8人。

(3)训练内容

手动液压叉车的基本操作。

(4)训练步骤

1)检查捏手。捏手的作用是控制液压系统的启动。开启手柄后,液压系统可以产生压力;释放捏手后,液压系统的压力也随之消失。手动液压叉车的捏手置于下方时,液压系统启动,如图2-19所示。当捏手置于上方时,搬运车的液压系统释放,如图2-20所示。因此,检查捏手的时候要求将捏手置于中间,如图2-21所示。

2)将货叉推入托盘槽内。在将货叉推入托盘槽内的时候,手柄应与地面或货叉保持垂直。同时,手臂伸直,两手同时抓住手柄的两端。货叉在推入过程中应尽量保持平衡,减少不必要的晃动。

3)启动液压设备。货叉插入托盘槽后,将捏手置于下方,上下摇动捏手,启动液压设备,使货叉带动托盘上升,上升到离地面无摩擦的距离后即可移动,如图2-22所示。

图2-19 检查捏手

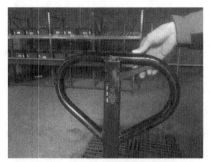
图2-20 捏手上置

图2-21 捏手居中

图2-22 启动液压设备

4)移动货品至目标位置。移动货品的时候,应当尽量保持平衡,避免跑步推叉车和剧烈晃动叉车等不规范操作的出现。送到货位后,提起捏手,使货叉下降。

5)归还设备。将手动液压叉车归还到指定区域(设备堆放区)停放。

(5)注意事项

1)货叉上不允许站人。

2)禁止超载、货物堆叠不均匀和不平坦。

3)手动液压叉车的货叉必须完全放入货架下面,将货物叉起,保持货物的平稳后才能进行拉运。

(6)考核标准

考核评分表如表2-3所示。

表2-3 考核评分表

考评人			被考评人	
考评地点			考核时间	
考评内容		手动液压叉车基本操作		
考评标准	具体内容		分值	实际得分
	手动液压叉车结构识别是否正确		20	
	手动液压叉车推、拉是否正确		20	
	手动液压叉车转弯是否正确		25	
	手动液压叉车定位是否正确		15	
	在15分钟内完成(超过1分钟扣2分)		20	
	合计		100	

3.手动液压叉车搬运操作

(1)训练目标

熟练使用手动液压叉车进行搬运作业。

(2)岗位角色

将全班学生分组,每组5~8人。

(3)训练内容

1)各小组在规定时间内将所给物品摆放在托盘上。

2)摆放好后,使用手动液压叉车按规定路线拉动码货托盘通过障碍物到对面再拉回原地,手动液压叉车接力赛场地如图2-23所示。

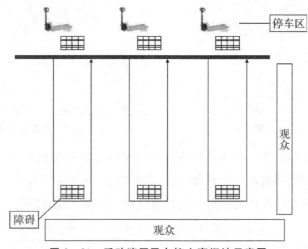

图2-23 手动液压叉车接力赛场地示意图

(4)训练步骤

1)按要求将装有水的周转箱放在托盘上。

2)将手动液压叉车拉到码货的托盘处。

3)一名学生将手动液压叉车升高,拉动码货托盘通过障碍物到对面再拉回原地。

4)将手动液压叉车货叉降到最低位,将码货托盘放到上面。

5)另一名学生将手动液压叉车升高,拉动码货托盘通过障碍物到对面再拉回原地,依次类推,进行接力。

6)最后一名学生将手动液压叉车放回原位,停止计时。

(5)注意事项

1)突出"团结进取,突出技能,展示风采"的活动宗旨。

2)计时并记录错误原因和错误次数。

3)手动液压叉车推拉符合要求。

4)应严格遵守操作规程,符合安全要求。

(6)考核标准

考核评分表如表2-4所示。

表2-4 考核评分表

考评人		被考评人	
考评地点		考核时间	
考评内容		手动液压叉车搬运操作	
考评标准	具体内容	分值	实际得分
	升高操作是否正确	15	
	取走托盘时操作是否正确	15	
	是否碰撞障碍物	20	
	是否有明显跑步动作	15	
	周转箱中水是否洒出	20	
	车辆是否归位	15	
合计		100	

4. 堆高车操作

(1)训练目标

熟练使用堆高车进行作业。

(2)岗位角色

将全班学生分组,每组5~8人。

(3)训练内容

电动堆高车的操作。

(4)训练步骤

1)起重前必须了解货物的重量,货重不得超过叉车的额定起重量。

2)起重包装货物时应将货物包扎牢固,不要搬运未固定或松散堆垛的货物,小心搬运尺寸较大的货物。

3)根据货物的大小,调整货叉间距,使货物均匀分布在两叉之间,避免偏载。

4)货物装入货叉后,应尽可能将货物降低,然后方可行驶。

5)启动时保持适当的启动速度,不应过猛。

6)切勿在车辆高速行驶过程中,紧急制动或紧急转弯。

7)行驶时应注意行人、障碍物和坑洼路面。

8)保持标准行驶状态,行驶时货叉离地10~20 cm,停止时货叉降至地面。堆高车在较差道路情况下作业时,载重要适当减轻,并应降低行驶速度。

9)离车时,将货叉下降着地,并将车底固定轮锁好。

(5)注意事项

1)严禁带病出车。

2)禁止超载,货物堆叠不均匀、不平坦。

3)严禁在货叉或车体上搭人。

4)禁止将车停放在坡道或台阶上。

5)严格遵守操作规程,行走与提升不允许同时操作,要符合安全要求。

(6)考核标准

考核评分表如表2-5所示。

表2-5 考核评分表

考评人			被考评人	
考评地点			考核时间	
考评内容		堆高车操作		
考评标准	具体内容		分值	实际得分
	升高操作是否正确		30	
	取走托盘时操作是否正确		10	
	车辆搬运是否正确		30	
	是否碰撞障碍物		20	
	车辆归位是否正确		10	
	合计		100	

5.智能拣货台车、RF手持终端操作

(1)训练目标

熟练使用智能拣货台车、RF手持终端进行作业。

(2)岗位角色

将全班学生分组,每组5~8人。

(3)训练内容

1)智能拣货台车的操作。

2)RF手持终端的操作。

(4)训练步骤

1)智能拣货台车的操作。

登录智能拣货台车的显示终端后,用拣货台车上自带的扫描枪扫描拣选单,终端上显示当前拣选单的拣选任务,将拣选单对应的装箱单分别放入拣货台车的货格内。根据拣选任务提示,将货品从相应货位拣出,然后用扫描枪扫描货品条形码,待拣货台车相应货格上的电子标签亮起,根据拣货台车上电子标签的指示将货品放到相应的货格,全部拣货完毕后将其运至复核打包区。

2) RF 手持终端的操作。

RF 手持终端进行无线操作实现与仓储管理系统之间的衔接。由无线接入点将数据信号通过无线方式发送给 RF 手持终端,并将 RF 手持终端反馈的数据信号传回仓储管理系统,实现系统的入库验收、理货、上架、拣货和盘点等功能。

RF 手持终端操作步骤如下。

① 按下电源键启动 RF 手持终端。

② 进入 RF 手持终端系统界面,选择需要的功能模块。

③ 将激光扫描头对准条形码,使扫描器发出的激光束覆盖整个条形码,如图 2-24 所示。

图 2-24 扫描条形码

(a)正确;(b)错误

④ 通过激光扫描,RF 手持终端将获取的信息提交系统,完成相关功能操作。

⑤ 退出系统,按下电源键关闭 RF 手持终端。

(5) 考核标准

考核评分表如表 2-6 所示。

表 2-6 考核评分表

考评人		被考评人	
考评地点		考核时间	
考评内容	智能拣货台车、RF 手持终端操作实训		
考评标准	具体内容	分值	实际得分
	是否正确操作智能拣货台车	50	
	是否正确操作 RF 手持终端	50	
	合计	100	

2.2 储位编码管理

▶ 学习目标

知识目标:掌握常见的储位编码的方法和储存方法。

技能目标:能正确进行储位编码作业,能根据货物情况合理分配储位,能针对不同货品选择合适的储存方法。

素质目标:培养细致认真的工作态度和团结协作的精神。

▶ 案例导入

根据双方签署的仓储保管合同,某公司现有一批货物委托快通物流有限公司运送至嘉兴华宝仓储有限公司储存,具体情况如表2-7所示。

表2-7 货物清单

品 名	规 格	单 位	数 量	包 装
矿泉水	1 L	瓶	2 600	12瓶/箱
洗衣粉	500 g	袋	2 600	24袋/箱
洗洁精	500 mL	瓶	2 900	12瓶/箱
方便面	100 g	袋	4 800	24袋/箱

问题:

1)什么是储位?为什么要设置储位编码?储位编码的方法有哪些?储位分配的方法有哪些?

2)利用四号定位法为下列货位编码。

①3号库2货架第3层第1货位。

②C库第8货架第2层第8货位。

3)说出下列按四号定位法编码的货位编码的含义。

①9—11—6—10。

②5—6—7—8。

2.2.1 储位确定原则

在进行储区规划时应充分考虑商品的特性、轻重、形状及周转率情况,根据一定的分配原则确定商品在仓库中具体存放的位置。

1. 根据商品周转率确定储位

计算商品的周转率,将库存商品按周转率的大小进行排序,然后将排序结果分段或分列。将周转率大、出入库频繁的商品储存在接近出入口或专用线的位置,以加快作业速度和缩短搬运距离。周转率小的商品存放在远离出入口处,在同一段或同列内的商品则可以按照定位或分类储存法存放。

2. 根据商品相关性确定储位

有些库存的商品具有很强的相关性,相关性大的商品,通常被同时采购或同时出仓,对于这类商品,应尽可能将其规划在同一储区或相近储区,以缩短搬运路径和拣货时间。

3. 根据商品特性确定储位

为了避免商品在储存过程中相互影响,性质相同或保管条件相近的商品应集中存放,并相应安排在条件适宜的库房或货场,即将同一种货物保管在同一位置,产品性能类似或互补的商品放在相邻位置,将兼容性低、特别是会互相影响质量的商品分开存放。这样既提高作业效率,又防止商品在保管期间损坏。对有些特殊商品,在进行储区规划时还应特别注意以下几点。

1) 易燃物品必须存放在具有高度防护作用的独立空间内,且必须安装适当的防火设备。
2) 易腐物品需储存在冷冻、冷藏或其他特殊的设备内。
3) 易污损物品需与其他物品隔离。
4) 易窃物品必须隔离,采取封闭管理。

4. 根据商品体积、重量特性确定储位

在进行仓库布局时,必须同时考虑商品的体积、形状、重量,以确定商品堆码所需的空间。为了适应货架的安全并方便人工搬运,人腰部以下的高度通常宜储放重物或大型商品。

5. 根据商品先进先出的原则确定储位

先进先出指先入库的商品先安排出库,这一原则对于寿命周期短的商品尤其重要,如食品、化学品等。在运用这一原则时,必须注意在商品形式变化少、商品寿命周期长、质量稳定不易变质等情况下,综合考虑先进先出所引起的管理费用的增加。而对于食品、化学品等易变质的商品,应考虑的原则是先到期的先出货。

除上述原则外,为了提高储存空间的利用率,还必须利用合适的货架、托盘等工具,使商品储存向空间发展。储存时尽量使货物面对通道,以方便作业人员识别标号、名称,提高货物的活性化程度。保管商品的场所及位置必须明确标示,保管场所必须清楚,易于使人识别、联想和记忆。另外,在规划储位时应注意保留一定的机动储位,以便当商品大量入库时可以调剂储位,避免打乱正常的储位安排。

2.2.2 储位编码作业

根据一定的规则完成储位规划后,开始对储位进行编码。储位编码是指将商品存放场所按照位置排列编上顺序号码,并做出明显标志。

1. 储位编码的方法

储位编码应按一定的规则和方法进行。首先,确定编号的先后顺序规则,规定好库区、编排方向及顺序排列。其次,采用统一的方法进行编排,要求在编排过程中所用的代号、连接符号必须一致,每种代号的先后顺序必须固定,每个代号必须代表特定的位置。

(1) 区段式编号

区段式编号是指将储存区分成几个区段,再对每个区段编号的方式。这种方式以区段为单位,每个号码代表一个区段,适用于单位化商品和量大但保管期短的商品,区域大小根据物流量大小而定。图 2-25 为储区的区段式编号示例。

A_1	A_2	A_3	A_4
通道			
B_1	B_2	B_3	B_4

图 2-25 储区的区段式编号

(2) 品项群式编号

品项群式编号是指将一些相关性强的商品集合后,分成几个品项群,再对每个品项群进行标识的方式。这种方式适用于容易按商品群保管和品牌差异大的商品,如服饰群、五金群等。

(3) 地址式编号

地址式编号是指对仓库保管区、区段、排、行、层、格等进行编码的方式。货物存放都采用四号定位法,即用库房号、货架号、货架层次号和货格号表明货物储存的位置,以便查找和作业的物品定位方法。例如,编号1—11—1—5的含义是1号库房、第11个货架、第一层中的第5货位,根据储位编码可以迅速地确定某种商品具体存放的位置。此外,为了方便管理,可以将储位编码和储位规划绘制成平面布置图,这样不但可以全面反映库房和货场的商品储存分布情况,而且可以使仓库管理人员及时掌握商品储存动态,便于其结合实际情况调整安排。

2. 储位编码的作用

科学合理的储位编码在整个仓储管理中起着重要的作用。在商品保管过程中,根据储位编码可以对库存商品进行科学合理的养护,有利于对商品采取相应的保管措施;在商品收发作业过程中,按照储位编码可以迅速、准确、方便地进行查找,不但提高了作业效率,而且降低了差错率。储位编码的主要目的是将存取单纯化,并减少错误,尤其在临时人员、高龄作业员多的配送中心更为必要。

2.2.3 常见的储存方法

储存方法主要是制定储位的指派原则。良好的储存方法可以减少出入库移动的距离,缩短作业时间,甚至能够充分利用存储空间。下面介绍几种常见的储存方法。

1. 定位储存

定位储存即每个储存货物都有固定储位,货物不能互用储位。因此,每一项货物的储位容量不得小于其可能的最大在库量。

(1) 选用定位储存的原因

1) 储区安排要考虑物品尺寸及重量(不同于随机储存)。

2) 储存条件对货物储存非常重要。例如,有些品项必须控制温度。

3) 易燃物必须限制储存于一定高度以满足保险标准及防火法规。

4) 根据商品物性,因管理或其他政策指出的某些品项必须分开储存,如化学原料和药品。

5) 保护重要物品。

6) 储区能被记忆,容易提取。

(2) 定位储存的优点

1) 每种货物都有固定的储存位置,拣货人员容易熟悉货物的储位。

2) 货物的储位可按周转率大小或出货频率来安排,以缩短周转率大或出货频繁的货物出入库时的搬运距离。

3)可针对各种货物的特性调整储位的安排,将不同货物特性间的相互影响降至最小。

(3)定位储存的缺点

储位必须按各项货物的最大在库量设计,因此,储区空间的平均使用效率较低。

总体来说,定位储存容易管理,所需要的总搬运时间较少,但会占用较多的储存空间,所以此方法较适用于仓库空间大或多种少量商品的储存。

2.随机储存

随机储存指每个货物被指派的储存位置都是由随机过程产生的,而且可经常改变,即任何货物可以被存放在任何可利用的位置。此随机原则一般由储存人员按习惯来储存,且通常按货物入库的时间顺序储存在靠近出入口的储位。

(1)随机储存的优点

由于储位可以共享,因此只需要按所有库存货物最大在库量设计即可,储区空间的使用效率较高。

(2)随机储存的缺点

1)货物的出入库管理及盘点工作的困难度较高。

2)周转率高的货物可能被储存在离出入口较远的位置,增加了出入库的搬运距离、搬运人员的作业强度及搬运时间。

3)具有相互影响特性的货物可能相邻储存,易造成货物间的相互影响或发生危险。

在一个良好的储位系统中,采用随机储存能使货架空间得到有效的利用,因此储位数目得以减少。由模拟研究显示,随机储存系统与定位储存系统相比,可节省35%的移动储存时间及增加30%的储存空间,但不利于货物的拣取作业。因此,随机储存适用于仓库空间有限,需要尽量利用储存空间及种类少、体积较大的货物。

表2-8为随机储存的人工储存记录表,能将随机储放的信息详细予以记录。

表2-8 随机储存的人工储存记录表

储位号码		储存空间		货物名称		货物代号	
存取日期 (时间)	采购单号		进货量	拣货单 (订单号)		拣取量	库存量

若能运用计算机协助随机储存的记忆管理,将仓库中每项货物的储存位置交由计算机记录,则不仅可查询进出货储区位置,也能用来调配进货储存的位置空间,依照计算机所显示的各储区的储位剩余空间来配合进货物项做安排,必要时也能调整货物储存位置做移仓的动作规划。随机储存的计算机配合记录形式如表2-9所示。

表2-9 随机储存的计算机配合记录形式

储位号码	储位空间	货物名称	货物代码	货物库存	剩余储位

表2-9要随时结合进货、出货、退货资料更改。

进货：该货物进货量—加至货物库存—扣减储位剩余空间。

出货：该货物出货量—扣减货物库存—增加储位剩余空间。

退货：该货物维修后再入库量—加至货物库存—扣减储位剩余空间。

3. 分类储存

分类储存是指将所有的储存货物按照一定特性加以分类，每类货物都有固定存放的位置，而同属一类的不同货物又按一定的原则来指派储位。分类储存通常按产品相关性、流动性、产品尺寸和重量及产品特性来分类。

▶知识链接

储存策略是指储区规划的原则，因而还必须配合储位指派法则才能决定储存作业实际运作的模式。根据储存策略产生的储位指派法则，可归纳为如下几项。

1）可与随机储存策略、共享储存策略相配合：靠近出口法则。

2）可与定位储存策略、分类（随机）储存策略相配合：以周转率为基础法则、产品相关性法则、产品同一性法则、产品类似性法则、产品互补性法则、产品兼容性法则、先进先出的法则、叠高的法则、面对通道的法则、产品尺寸法则、重量特性法则、产品特性法则、储位表示法则等。

（1）分类储存的优点

1）便于畅销品的存取，具有定位储存的各项优点。

2）各分类的储存区域可根据货物特性设计，有助于货物的储存管理。

（2）分类储存的缺点

储位必须按各项货物最大在库量设计，因此储区空间的平均使用效率低。

分类储存较定位储存具有弹性，但也有与定位储存同样的缺点，因而较适用于储存相关性大、周转率差别大及尺寸相差大的商品。

4. 分类随机储存

分类随机储存指每类货物都有固定的存放位置，但在各类的储区内，每个储位的指派是随机的。分类随机储存的优缺点如下。

（1）分类随机储存的优点

分类随机储存可显示出分类储存的部分优点，又可节省储位数量并提高储区利用率。

（2）分类随机储存的缺点

分类随机储存中的货物出入库管理及盘点工作的困难度较高。

分类随机储存兼具分类储存与随机储存的特点，而需要的储存空间介于两者之间。

5. 共享储存

在确定各货物的进出仓库时刻时，不同的货物可共享相同储位的方式称为共享储存。共享储存在管理上虽然较复杂，但所需要的储存空间及搬运时间更经济。

2.2.4　储位分配方法

储位分配方法是指在储存空间、储存设备、储存区位、储位编码等一系列前期工作准备就绪之后,把货品分配到最佳的位置上的方法。目前常用的储位分配方法有人工分配、计算机辅助分配和计算机全自动分配三种方式。

1. 人工分配

人工分配是指管理者根据经验分配储位,因凭借的是管理者的知识和经验,所以其效率会因人而异。这种分配方法的优点是计算机等设备投入费用少,缺点是分配效率低、出错率高、需要大量人力。

人工分配的管理要点如下:

1) 分配者必须熟记各种储位分配原则,并能灵活应用这些原则。

2) 仓储人员必须严格按分配者的指示(书面形式)把货品存放在指定储位上,并将货品的上架情况记录在储位表单上,并及时更新储位信息。

3) 仓管人员每完成一个储位指派内容,必须把这个储位内容记录在表单上。此外,货物因补货或拣货从储位中移出后,也应登记消除,从而保证账物相符。

2. 计算机辅助分配

计算机辅助分配是指利用图形监控系统,收集储位信息,并显示储位的使用情况,提供给储位分配者实时查询,为储位分配提供参考,最后由人工下达储位分配指示。

3. 计算机全自动分配

计算机全自动分配是指利用图形监控储位管理系统和各种现代化信息技术(条形码扫描器、无线通信设备、网络技术和计算机系统等),收集储位有关信息,通过计算机分析后直接完成储位分配工作。整个作业过程不需要人工分配作业,这是现代化的储位分配方式。

总之,计算机辅助分配和计算机全自动分配方法因为不受人为因素的影响,出错率低、效率高,为自动化仓库的首选方式,但其设备投资和维护费用较高。

▶ 小组模拟训练

(1) 训练目标

灵活地运用所学知识,解决实际问题,并正确为货位编码。

(2) 岗位角色

将全班学生分组,每组 5~7 人。

(3) 训练内容

解答本节"案例导入"提出的问题。

(4) 训练步骤

1) 搜集资料并展开讨论。

2) 利用四号定位法为货位编码。

3) 说出四号定位法货位编码的含义。

4) 制作 PPT 课件。

5) 进行作品展示。

6) 回答其他小组提出的问题。

7)教师点评,并为各小组打分。

(5)注意事项

1)正确地分析案例。

2)相互配合,充分发挥团队精神。

3)分组时要合理搭配。

4)以PPT的形式完成作业。

5)遵守纪律,听从指挥,表现出良好的综合素质。

(6)考核标准

考核评分表如表2-10所示。

表2-10 考核评分表

考评人		被考评人	
考评地点		考核时间	
考评内容		常用储存方法分析实训	
考评标准	具体内容	分值	实际得分
	案例分析和货位编码是否正确	40	
	PPT制作是否精美	20	
	作业的讲解效果	20	
	问题的回答情况	20	
	合计	100	

本 章 小 结

仓储设备主要包括装卸搬运设备、保管设备、计量设备、养护检验设备、通风照明设备、消防安全设备和劳动防护用品。本章重点介绍了货架、托盘、叉车、堆高车、手动液压叉车、RF手持终端等仓储设备。

储位编码管理包括储位确定原则、储位编码作业、常见的储存方法及储位分配方法。

第 3 章
仓储作业流程

仓储作业是指从货物入库到货物发送出库的整个过程,主要包括入库作业、在库管理和出库作业。仓储作业的正常运行是物流畅通、安全、有序的保障,也可降低库存积压,提高库存周转率,促使销售、生产、采购相协调,加速资金流通。

3.1 入库作业

▶ 学习目标

知识目标:掌握入库作业流程及相关知识。
技能目标:能熟练地组织货物入库,能正确填写入库单和储位分配单。
素质目标:培养入库作业中的安全意识和爱岗敬业的精神。

▶ 案例导入

2017年3月20日上午,沧海物流有限公司2号仓库接到客户北国集团的入库申请传真,该集团在21日上午9点会送来一批商品入库,主要是康师傅矿物质水650箱、怡宝矿泉水210箱。仓管员刘莉根据客户发来的入库申请提前在仓储管理系统查询并分配好了储位,分别是B00002、B00003、B00102储位。2017年3月21日上午9点,北国集团送货员准时送来了这批商品及送货单。

问题:刘莉如何完成这批货品的入库作业?

3.1.1 入库作业流程

货物入库作业流程包括货物接运、货物入库验收、办理入库交接手续等一系列业务活动。

1. 货物接运

货物接运是指仓库对通过铁路、水运、公路、航空等方式运达的货物进行接收和提取的工作。接运的主要任务是准确、齐备、安全地提取和接收货物,为入库验收和检查做准备。

接运的方式主要有车站码头提货、铁路专用线接车、自动提货和库内提货。

2. 货物入库验收

货物入库验收要进行数量点收和质量检验。数量点收主要是根据货物入库凭证清点货物数量,检查数量是否与凭证相符,货物包装是否完整。质量检验主要是按照质量规定标准,检查货物的质量、规格和等级是否与标准符合,对于技术性强、需要用仪器测定分析的货物,须由专职技术人员进行入库验收。验收作业流程如图3-1所示。

(1)验收准备

仓库接到到货通知后应根据货物的性质和批量提前做好验收前的准备工作,主要包括人员、资料、器具、储位、设备等的准备。

(2)清点数量

要核对入库单、送货单上的信息是否与实物相符,包括货物的名称、规格、数量等。

(3) 检查外包装

检查外包装有无被撬、开缝、污染、破损、水渍等不良情况,若有问题,则应拒收,并拍照记录。

(4) 入库上架

将货物搬运到指定储位,完成入库上架作业。

(5) 处理问题货物

1) 凡验收中发现存在问题等待处理的货物,应该单独存放,妥善保管,防止混杂、丢失或损坏。

2) 数量短缺量在规定磅差范围内的,可按原数入账;凡超过规定磅差范围的,应查对核实。

3) 质量不符合规定时,应及时向供货单位办理退货、换货,或要求供货单位在不影响使用的前提下降价处理。

4) 证件未到或不齐时,应及时向供货单位索取。

5) 凡属承运部门造成的货物数量短少或外观包装严重残损等,应凭接运提货时索取的货运记录向承运部门索赔。

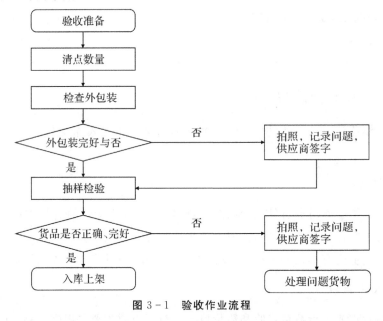

图 3-1 验收作业流程

3. 办理入库交接手续

入库交接手续主要是指交货单位与仓库管理员之间办理的交接工作,其中包括货物的检查核对,事故的分析、判定,双方认定,在交库单上签字。仓库一方面给交货单位签发接收入库凭证,并将凭证交给会计,统计入账、登记;一方面安排仓位,提出保管要求。

3.1.2 入库作业单据的填制

货物验收合格后,仓库管理员要根据验收结果和安排的仓位,据实填写货物入库单和储位分配单。

【例 3-1】 2017 年 5 月 12 日,联华公司与南浦公司签订采购合同,联华公司采购部发送进货通知单(SSSD123)给物流中心,货物于 2017 年 5 月 13 日由供应商送到物流中心,采购商品目录如下。

①康师傅茉莉花茶,产品编号 SSSD001,500 mL×12 瓶,箱装,20 箱。

②康师傅冰红茶,产品编号 SSSD002,550 mL×12 瓶,箱装,100 箱。

③康师傅冰绿茶,产品编号 SSSD003,355 mL×24 瓶,箱装,40 箱。

④康师傅矿物质水,产品编号 SSSD005,500 mL×12 瓶,箱装,90 箱。

物流中心仓库管理员张衡负责本次收货任务,需要按照入库通知单编制作业计划,以安排公司内的作业人员和设备,编制采购单,并且根据货物分区存放的原则,将本批物品放置到 S0011 库房。

2017 年 5 月 13 日,南浦公司安排人员携带采购单号为 SA012 的全部货品,到达联华公司的物流中心,本次供货产品的生产日期均为 2017 年 4 月 1 日。张衡依据本次的出库单进行货品点收,本次供应商送货商品与入库单上的商品信息有部分差异,其中康师傅冰红茶 5 箱外包装破损,拒收,其余合格,签收送货单后,将到货商品放置到 S0011 库房的暂存区。

物流中心在进行库内作业时,为方便货品的流转,会根据货物的进出频率合理安排货物的储存位置,出货频率越高的商品应距离出货区越近。

四种商品的出货频率由高到低为康师傅冰红茶、康师傅茉莉花茶、康师傅饮用矿物质水、康师傅冰绿茶,其对应的储位最大容量分别为 50 箱、40 箱、50 箱、50 箱。

S0011 库房有如下 10 个储位,按照距离出库区的近远排序:DF010101、DF010102、DF010103、DF010104、DF010105、DF010106、DF010107、DF010108、DF010109、DF010110。

假如你是仓库管理员张衡,请按照上述作业描述,依照题目给出的货物顺序进行入库单和储位分配单的编制。

解:编制的入库单和储位分配单分别如图 3-2 和图 3-3 所示。

入库单

入库单号:

仓库编号		S0011					
供应商名称	南浦公司		供应商编号		制单时间		
入库通知单号		SSSD123					
货品名称	货品编号	规格	单位	计划数量	实际数量	批次	备注
康师傅茉莉花茶	SSSD001	500 mL×12 瓶	箱	20	20		
康师傅冰红茶	SSSD002	550 mL×12 瓶	箱	100	95		破损 5 箱
康师傅冰绿茶	SSSD003	355 mL×24 瓶	箱	40	40		
康师傅矿物质水	SSSD005	500 mL×12 瓶	箱	90	90		
仓库管理员		张衡		制单人	张衡		

图 3-2 入库单

储位分配单

入库单号				仓库编号			S0011	
仓库管理员		张衡		日期			2017年5月13日	

作业明细

序号	库区	储位	货品名称	货物编号	规格	应收数量	实收数量	单位	备注
1	S0011	DF010101	康师傅冰红茶	SSSD002	550 mL×12 瓶	50	50	箱	
2	S0011	DF010102	康师傅冰红茶	SSSD002	550 mL×12 瓶	50	45	箱	
3	S0011	DF010103	康师傅茉莉花茶	SSSD001	500 mL×12 瓶	40	20	箱	
4	S0011	DF010104	康师傅矿物质水	SSSD005	500 mL×12 瓶	50	50	箱	
5	S0011	DF010105	康师傅矿物质水	SSSD005	500 mL×12 瓶	50	40	箱	
6	S0011		康师傅冰绿茶	SSSD003	355 mL×24 瓶	50	40	箱	

制单人	张衡	作业人	张衡

图 3-3 储位分配单

▶ **小组模拟训练**

(1)训练目标

灵活地运用所学知识,完成入库流程操作和入库单的填制。

(2)岗位角色

将全班学生分组,每组 5~8 人。

(3)训练内容

1)入库单的填制。

2)入库作业流程的操作。

(4)训练步骤

1)入库信息处理。信息员根据入库通知单录入入库订单,生成作业计划,打印入库单。

2)入库验收作业。根据入库单,到收货理货区验收货物,根据实际验收情况填写入库单。当出现实收货物数量与入库单上的数量不符或质量问题时,仓库管理员要在入库单上注明情况,并以实际收货数量入库。验收无误后,仓库管理员在入库单上签字确认并与送货人员进行交接。

3)入库理货作业。利用设备或人工从托盘存放区抬取空托盘到收货理货区。若人工抬取空托盘,则必须由两个人一起搬运,而且一次只允许抬取一个空托盘。利用 RF 手持终端扫描货物标签和托盘标签完成组盘作业。

4)入库搬运作业。利用 RF 手持终端扫描托盘标签,下载入库搬运任务,利用手动搬运车将货物从收货理货区运至托盘货架交接区。

5)入库上架作业。用堆高车从托盘货架交接区接收待上架托盘,利用 RF 手持终端扫描托盘标签下载入库上架任务,完成货物上架,并确认目标货位地址。

(5)注意事项

1)进行入库前的准备工作。

2)相互配合,充分发挥团队精神。

3)学生分组时要合理搭配。

4)遵守纪律,听从指挥,具有安全意识。

(6)考核标准

考核评分表如表3-1所示。

表3-1 考核评分表

考评人		被考评人	
考评地点		考核时间	
考评内容		入库作业实训	
考评标准	具体内容	分值	实际得分
	入库信息处理是否正确	20	
	入库验收作业是否正确	30	
	入库理货作业是否正确	15	
	入库搬运作业是否正确	20	
	入库上架作业是否正确	15	
	合计	100	

3.2 在库管理

▶学习目标

知识目标:掌握堆垛的方法,掌握盘点的作业流程和方法,了解不同货物的保养要点。

技能目标:能根据不同货物的特点选择正确的堆垛方式,能根据货物的不同特点进行保管、保养,能根据需要使用不同的方法进行盘点,能熟练地填写相关单据和报表。

素质目标:培养安全意识和认真的工作态度,锻炼分析问题的能力。

▶案例导入

一家外资企业在上海寻找下游的合作伙伴。该企业的负责人在寻找钢板加工企业的过程中,考察了三家企业。这三家企业都使用同一个公司生产的钢板。第一家,材料码放整齐,钢板之间还用标准的木条间隔着;第二家,钢材也是上下码放,但没有第一家码放得那么整齐;第三家,则是随便堆放在工厂院子里。第一家的钢板的利用率几乎是100%。第二家的利用率则是90%~95%,因为时间长了上面的钢板会变形,利用率就会降低。第三家的利用率只有70%左右。

问题:外资企业会选择哪一家企业进行合作呢?

3.2.1 货物堆码与苫盖和垫垛

1. 货物堆码

货物堆码是指根据货物的特性、包装方式和形状、保管的要求,将货物整齐、规则地摆放成货垛的作业。

(1)货物堆码的方法

1)散堆法。散堆法适用于露天存放的没有包装的大宗货物,如煤炭、矿石、黄沙等,也适用于库内少量存放的谷物、碎料等散装货物。

2)货架堆码法。货架堆码法即直接使用通用或专用的货架进行货物堆码。这种方法适用于存放不宜堆高,需要特殊保管的小件、高附加值、包装脆弱或易损的货物,如小百货、小五金、医药品等。

3)堆垛法。堆垛法是指把货物堆码成一定垛形的方法。常见的堆垛法有以下几种。

①重叠式堆垛法[见图3-4(a)]:货物逐件、逐层向上整齐地码放。该方法方便作业和计数,但其稳定性较差,容易倒垛,适用于袋装货物、箱装货物及平板货物、片式货物等。

②纵横交错式堆垛法[见图3-4(b)]:每层货物都改变方向向上堆放。采用该方法垛堆稳固,不易倒垛,但其操作不便,每层堆码需转换堆码方向,适用于管材、捆装、长箱装等货物。

③仰伏相间式堆垛法[见图3-4(c)]:对于上下两面可判别凹凸的货物,如槽钢、钢轨、箩筐等,将货物仰放一层,再反向伏放一层,仰伏相间相扣。采用该方法垛堆极为稳定,但操作不便。

④正反交错式堆垛法[见图3-4(d)]:同一层中,不同列的货物以90°垂直码放,相邻两层的货物以相差180°的形式码放。采用该方法稳定性高,但操作不便,且包装体之间相互挤压,下部容易压坏。

⑤旋转交错式堆垛法[见图3-4(e)]:第一层相邻的两个包装体互为90°,两层间码放又相差180°,这样相邻两层之间互相交叉。采用该方法稳定性较高,不易塌垛,但是码放的难度较大,且中间形成空穴,降低了托盘的利用效率。

⑥压缝式堆垛法[见图3-4(f)]:将底层并排摆放,上层放在下层的两件货物之间。若每层货物都不改变方向,则形成梯形形状;若每层都改变方向,则类似于纵横交错式。上下层件数的关系分为"2顶1""3顶2""4顶3""5顶4"等。采用该方法垛堆稳固,不易倒垛,但每层码堆的数量不一致,不易计数,适用于圆桶形、圆管形的货物。

⑦通风式堆垛法[见图3-4(g)]:在堆码货物时,相邻的货物之间应留有空隙,以便通风。层与层之间采用压缝式或纵横交叉式,有利于通风散热,但垛堆所占面积较大,适用于需通风散热的货物。

⑧栽柱式堆垛法[见图3-4(h)]:码放货物前在货垛两侧栽上木桩或钢棒(如U形货架),然后将货物平码在桩与柱之间,码放几层后用铁丝将相对两边的柱拴住,再往上摆放货物。此法适用于棒材、管材等长条状货物。

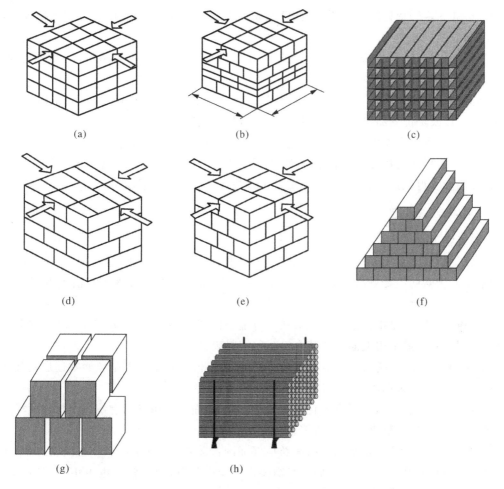

图 3-4 常见堆垛法的示意图

(a)重叠式;(b)纵横交错式;(c)仰伏相间式;(d)正反交错式;
(e)旋转交错式;(f)压缝式;(g)通风式;(h)栽柱式

4)成组堆码法。成组堆码法采取货板、托盘、网格等成组工具使货物的堆存单元扩大,一般以密集、稳固、多装为原则,同类货物组合单元应高低一致。这种方法可以提高仓库容积的利用率,实现货物的安全搬运和堆存,适合半机械化和机械化作业,可以提高劳动效率,减少货损货差。

5)"五五化"堆码。"五五化"堆码是以五为基本计算单位,堆码成各种总数为五的倍数的货垛,以五或五的倍数在固定区域内堆放,使货物"五五成行、五五成方、五五成包、五五成堆、五五成层",要求堆放整齐、上下垂直、过目知数,以便于控制、清点和盘存货物数量。

(2)货物堆码的基本要求

1)分类。不同品类、规格、型号、形状、牌号、等级和批次的货物必须分开堆码,不能混合、间杂堆码。

2)安全。堆码应不偏不斜、不歪不倒,不压坏底层货物和地坪,以确保货物堆垛牢固、安全,货物不受损害。

3)定量。在货物堆码时,垛、行、层、包(件)等数量应为整数,每垛应有固定数量。对某些过磅称重货物不能成整数时,必须明确地标出重量,分层堆码或成捆堆码,定量存放。

4)整齐。堆码货物的垛形要规范,横纵成行成列,货物包装上的标志一律朝外排齐,便于查看和发货。

5)低耗。坚持一次堆码,减少重复搬运;爱护苫盖物品,节约备品用料,降低消耗,堆码紧凑,节省仓位,提高仓库容积的利用率。

6)方便。堆码要便于装卸搬运、收发保管、日常维护保养、检查点数、灭火消防、货物保管和安全,以及保证商品安全和便于检验、复查,规范化操作。

7)分配合理。仓库堆放要考虑先进先出的原则,控制好码放位置。

8)摆放合理。货物码放在托盘中时,货物标志必须朝上,货物摆放宽度不超过托盘宽度,每板高度不得超过规定标准,商品重量不得超过托盘规定的载重量。

2.货物苫盖和垫垛

(1)货物苫盖

苫盖是指露天存放货物时,为防止其遭受雨淋、风雪及日光暴晒等危害,在垛上加适当的遮盖物。苫盖的主要方法有就垛苫盖法、鱼鳞式苫盖法、隔离苫盖法和活动棚架苫盖法等,如图3-5所示。

1)就垛苫盖法,是指根据货垛的形状进行适当的苫盖的方法,适用于起脊垛、方形垛或大件包装物品,一般采用大面积的苫布、席子、塑料膜等。

2)鱼鳞式苫盖法,是指将苫盖材料从货垛的底部开始,自下而上呈鱼鳞式逐层交叠围盖的方法。该法一般采用面积较小的席、瓦等材料苫盖。

3)隔离苫盖法,是指苫盖物不直接摆放在货垛上,而是采用隔离物使苫盖物与货垛间留有一定空隙的方法。隔离物包括竹竿、木条、钢筋、钢管、隔离板等。

4)活动棚架苫盖法,是指棚架四周及顶部铺围苫盖物,在棚柱底部装上滚轮,整个棚架可沿固定轨道移动的方法。活动棚本身需要占用仓库位置,固定轨道也占用一定的使用面积,需要较高的购置成本。

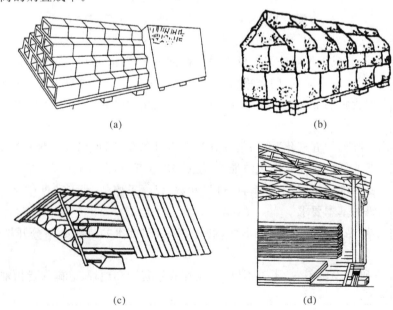

图3-5 苫盖的主要方法
(a)就垛苫盖法;(b)鱼鳞式苫盖法;(c)隔离苫盖法;(d)活动棚架苫盖法

(2)货物垫垛

垫垛是指在堆码货物时,根据货垛的形状、底面积、货物保管养护的需要及地面负重的要求,在预定的货位地面位置上,使用衬垫材料进行铺垫的作业。

1)垫垛的目的。垫垛是为了使堆垛的货物免受地面潮气的侵蚀,使垛底通风透气,保证储存货物的质量。

2)垫垛的要求。垫垛要符合以下要求:使用的衬垫物具有足够的抗压强度,且不会与要堆垛的货物发生不良影响;地面要平整坚实,衬垫物要摆平放正,并保持同一方向,最好与走、支道平行;注意垫底材料的排列方向,第一层垫木或石块的空隙要对准走道或门窗,以利于垛底通风散湿;衬垫间距适当,直接接触货物的衬垫物面积与货垛垛底的面积相同,衬垫物不能伸出货垛;垫垛要有足够的高度,在露天堆场要达到 0.3~0.5 m,在库房内要达到 0.2 m。

3)垫垛的材料。垫垛通常采用枕木、石墩、水泥块、木板、防潮纸等。在实践中,根据不同的储存条件和货物的不同要求,选择适当的垫垛材料。

4)垫垛的方法。常用的垫垛方法主要有码架法、垫木法、防潮纸法三种。

①码架法,即采用若干个码架,拼成所需货垛垛底面积的大小和形状,以备垫垛。码架以垫木为脚,上面钉有木条或木板的构架,专门用于垫垛。

②垫木法,即采用规格相同的若干枕木或垫石,按货位的大小、形状排列,作为垛垫。

③防潮纸法,即在垛底铺一层防潮纸作为垛垫,常用的防潮纸包括芦席、油毡、塑料薄膜、帆布等。

3.2.2 商品养护

1. 商品养护的概念

商品养护是指在储存过程中对商品进行的保养和维护。从广义上说,商品从离开生产领域而未进入消费领域之前这段时间的保养与维护工作,都称为商品养护。

2. 商品质量变化的类型

(1)物理变化

物理变化是指只改变物质本身的外部形态,而不改变其本质,在变化的过程中没有新物质的生成,并且可以反复进行改变的现象,如挥发、熔化、溶化、渗漏、串味、沾污、干裂、沉淀等。

(2)机械变化

机械变化是指商品在外力的作用下,形态、弹性及外观发生的变化,如破碎、变形、划伤等,其结果也会使商品质量降低,甚至失去使用价值。例如,玻璃、陶瓷制品、搪瓷制品、铝制品、橡胶皮革制品、塑料等的破碎、变形、脱落、划伤等。

(3)化学变化

化学变化是指不仅改变物质的外观形态,也改变物质的本质,并生成新物质。商品发生化学变化,即商品质变的过程,严重时会使商品失去使用价值和价值。商品中常见的化学变化有氧化、化合、分解、聚合、老化、风化、燃烧与爆炸等。

(4)生理生化变化

生理生化变化是指有生命活动的有机体,在生长发育的过程中,为了维持其生命活动,其自身发生的一系列变化,如呼吸作用、胚胎发育、发芽、后熟作用等。

(5)生物学变化

生物学变化是指商品在外界有害生物作用下受到破坏的现象,如虫蛀、鼠咬、霉腐等。

3.影响商品质量变化的因素

(1)影响商品质量变化的内因

商品在物流过程中发生的各种变化,起决定作用的是商品本身的内在因素,即内因,包括化学成分、结构形态、物理化学性质、机械及工艺性质等。它不仅影响着商品的质量变化形势,也影响着质量变化速度。

(2)影响商品质量变化的外因

1)氧气。氧气能和许多商品发生反应,并对商品质量变化产生很大影响。在商品养护时,对于受氧气影响比较大的商品,要采取浸泡、密封、充氮等方法隔绝氧气。

2)日光。日光中含有紫外线、红外线等,它对商品起着正反两个方面的作用:一方面,日光能够加速受潮商品的水分蒸发,杀伤或杀死微生物和商品害虫,在一定程度上有利于商品的保护;另一方面,某些商品在日光的直接照射下,又会发生质量变化。因此,要根据各种不同商品的特性,注意减少或避免日光的照射。

3)微生物。微生物是商品霉腐的前提条件。微生物活动时需要一定的湿度和温度。没有适宜的湿度,不利于它的生存;没有适宜的温度,不利于它的生长繁殖。掌握这些规律,就可以根据商品的含水量情况,采取不同的温湿度调节措施,抑制微生物的生长,以利于商品储存。

4)仓库害虫。害虫在仓库中会蛀食动植物性商品和包装,有些害虫还能危害塑料、化纤等化工合成商品。此外,白蚁还会蛀蚀仓库建筑物和纤维质商品。害虫在危害商品的过程中,不仅破坏商品的组织结构,使商品发生破碎和孔洞,外观形态受损,而且在生长过程中,它们吐丝结茧,排泄的各种代谢废物会玷污商品,影响商品的质量和外观。

5)气温。气温是影响商品质量变化的重要因素。高温能够使商品发生挥发、渗漏、熔化等物理变化及各种化学变化,而低温又容易引起某些商品的冻结、沉淀等变化,温度忽高忽低会影响商品质量的稳定性。此外,适宜的温度会给微生物和仓库害虫的生长繁殖创造有利条件,加速商品腐败变质和虫蛀。因此,控制和调节仓库内的气温是商品养护的重要工作内容之一。

6)湿度。湿度的改变,能引起商品的含水量、化学成分、外形或体态结构等的变化,所以,在商品养护中,必须掌握各种商品适宜的湿度要求,尽量给商品创造适宜的空气湿度。

7)卫生条件。卫生条件是保证商品免于变质腐败的重要条件之一。卫生条件不良,不仅使灰尘、油垢、垃圾、腥臭气体等污染商品,造成某些外观疵点和异味感染,还为微生物、仓库害虫等创造了活动场所。因此在商品的储存过程中,一定要做好储存环境的卫生工作,保持商品本身的卫生,防止商品之间发生沾染。

8)有害气体。大气中的有害气体主要来自煤、石油和天然气,如煤等燃料燃烧产生的烟尘和工业生产过程中产生的粉尘、废气等。有害气体主要有二氧化碳、二氧化硫、硫化氢、氯化氢和氮化物等气体。

商品储存在有害气体浓度大的空气中,其质量变化明显。例如,二氧化硫是造成腐蚀的重要介质之一,金属商品必须远离二氧化硫。

4. 商品养护的预防措施

(1)掌握商品的性能,安排适当的储存场所

为了确保商品质量不变,应根据商品的性能,选择适当的储存地点,同时要注意避免与同库储存的商品在性质上相互抵触,避免串味、沾染及其他影响。

(2)严格入库验收

除核对入库货物的数量、规格外,还应该按比例检查其外观有无变形、变色、沾污、生霉、虫蛀、鼠咬、生锈、老化、沉淀、聚合、分解、潮解、溶化、风化、挥发、含水量过高等异状,有条件的还应进行必要的质量检验。

(3)合理堆垛苫垫

入库商品应根据其性质、包装条件及安全要求采用适当的堆垛方式,达到安全牢固、便于堆垛且节约仓库空间的目的。为了方便检查、通风、防火和库房建筑安全,应适当地留出垛距、墙距、柱距、顶距、灯距及一定宽度的主通道和辅助通道。为了防止商品受潮和满足防汛需要,货垛垛底应适当垫高,对于怕潮的商品,垛底还需要加垫隔潮层。露天货垛必须苫盖严密,达到风吹不开、雨淋不湿的要求。垛底地面应稍高,货垛四周应无杂草,并有排水沟以防积水。

(4)加强仓库温湿度管理

各类商品在储存过程中发生的质量变化,多数是由于受到空气温度和湿度的影响。因此,不同的商品在储存过程中都要求有一个适宜的温湿度范围,这样就需要掌握自然气候变化规律,并通过采取各种措施,使库房内的温度和湿度得到控制与调节,创造适宜货物储存的温湿度条件,以保证商品的质量。

(5)坚持在库检查

商品在储存期间受到各种因素的影响,在质量上可能发生变化,若未能及时发现,就可能造成损失,因此需要根据其性质、储存条件、储存时间及季节气候变化分别确定检查周期、检查比例、检查内容,并按期进行检查或巡回检查。在检查中若发现异状,要扩大检查比例,并根据问题情况,及时采取适当的技术措施,及时处理,防止商品被损坏。

3.2.3 货物盘点与检查

1. 货物盘点

(1)盘点的目的

1)查清实际库存数量。

2)计算企业资产的损益。

3)发现商品管理中存在的问题。

4)稽核仓库账务工作的落实度。

5)有效地整顿仓储。

（2）盘点作业的步骤

盘点作业的主要步骤如图 3-6 所示。

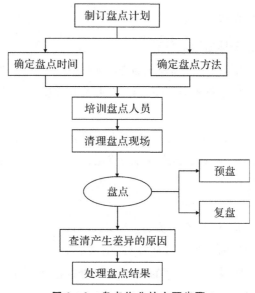

图 3-6　盘点作业的主要步骤

1) 制订盘点计划。制订盘点计划并及时发布，配合财务会计做好准备工作，设计并打印商品清单，准备盘点用的基本工具，设计并打印盘点用表单。

2) 确定盘点时间。盘点时间间隔可以为每天、每周、每月或每年盘点一次不等。例如，A 类主要货品每天或每周盘点一次，B 类货品每两三周盘点一次，C 类不重要的货品每月盘点一次即可。必须注意的是，每次盘点持续的时间应尽可能短，全面盘点以 2～6 天内完工为佳，盘点的日期一般会选择在财务结算前夕或淡季。通过盘点计算损益，可以查清财务状况，而淡季储货较少，业务不太繁忙，盘点较为容易，投入资源较少，且人力调动也较为方便。

3) 确定盘点方法。因盘点场合、要求的不同，盘点的方法也有差异。为满足不同情况的需要，尽可能快速准确地完成盘点作业，所决定的盘点方法要对盘点有利，不至于在盘点时混淆。

① 账面盘点法。账面盘点法是分别为每一种商品设立存货账卡，然后将每一种商品的出入库数量及有关信息记录在账面上，逐笔汇总出账面库存结余量。

② 现货盘点法。现货盘点法是对库存商品进行实物盘点的方法。按盘点时间频率的不同，现货盘点又分为期末盘点和循环盘点。

期末盘点是指在会计计算期末统一清点所有商品数量的方法。由于期末盘点是将所有商品一次点完，工作量大、要求严格，通常采取分区、分组的方式进行。

循环盘点是指每天、每周盘点一部分商品，一个循环周期将每种商品至少清点一次的方法。循环盘点通常对价值高或重要的商品检查的次数多，而且监督也严格，而对价值低或不太重要的商品盘点的次数可以尽量少。循环盘点只对少量商品进行盘点，所以通常只需保管人员自行对照库存数据进行点数检查，发现问题按盘点程序进行复核，并查明原因，然后调整，也可以采用专门的循环盘点单登记盘点情况。

期末盘点与循环盘点比较如表 3-2 所示。

表 3-2　期末盘点与循环盘点比较

比较内容	期末盘点	循环盘点
盘点时间	期末（每年仅数次）	平常（每周或每天一次）
所需时间	长	短
需要人员	全体人员（或临时雇佣）	专门人员
对货物的管理	平等	A 类重要货物仔细管理，C 类不重要货物稍微管理
对运营的影响	需要停止作业数天	无影响，无需停止作业
盘差情况	多（而且发现得晚）	少（而且发现得早）
盘差原因追究	难	易

要得到正确的库存情况并确保盘点无误，可以采取账面盘点与现货盘点平行的方法，以查清误差出现的实际原因。

思考：实际库存中，账面盘点与现货盘点哪种方法使用得较多？

4）培训盘点人员。盘点人员的培训分为两部分：一是针对所有人员进行盘点方法及盘点作业流程的训练，让盘点作业人员了解盘点的目的、表格和单据的填写；二是针对复盘与监盘人员进行认货品的训练，让他们熟悉盘点现场和盘点商品，对盘点过程进行监督，并复核盘点结果。

5）清理盘点现场。盘点作业开始之前必须对盘点现场进行整理，以提高盘点服务业的效率和盘点结果的准确性。清理工作主要包括以下几个方面的内容。

①盘点前对已验收入库的商品进行整理并归入储位，对未验收入库属于供货商的商品，应区分清楚，避免混淆。

②盘点场关闭前，应提前通知，将需要出库配送的商品提前准备好。

③账卡、单据、资料均应整理好后统一结清，以便及时发现问题并加以预防。

④预先鉴别变质、损坏商品。对储存场所堆码的货物进行整理，特别是对散乱货物进行收集与整理，以方便盘点时计数。在此基础上，由商品保管人员进行预盘，以提前发现问题并加以预防。

6）盘点。盘点可分为两部分进行，即预盘阶段和复盘阶段。

①预盘阶段。预盘不限于仓库人员，而应扩大到包装、流通加工等部门，这些部门中的货物没有出库，同样列入盘点范围。

在预盘阶段，首先由盘点主持人以计算机或会计部门的永续盘存账为基准做出预盘明细表并交给仓库（或现场等直接责任对象），要求依此表点出应有数量的货物，同时依新储位整顿存置定位，挂上盘点单，记录预盘有关字段，并将预盘结果（包括盘盈和盘亏的差异）呈报盘点主持人。

盘点主持人除了要稽核预盘情况外，要针对预盘的差异状况进行分析与调查，并采取补救措施。

②复盘阶段。预盘完成后，就可进入复盘阶段。复盘工作多由盘点主持人指派与被盘

点部门权责不相干的部门的人负责。

复盘工作根据预盘阶段的盘点单去复查。复盘者可以要求被盘者逐项将料品卸下,深入清点,填入复盘单。

7)查清产生差异的原因。盘点会将一段时间以来积累的作业误差及其他原因引起的账物不符暴露出来。发现账物不符,而且差异超过容许误差时,应立即追查产生差异的原因。

一般而言,产生盘点差异的原因主要有如下几个方面。

①记账员专业素质不高,登录数据时发生错登、漏登等情况。

②账务处理系统管理制度和流程不完善,导致货品数据不准确。

③盘点时发生漏盘、重盘、错盘现象,导致盘点结果出现错误。

④盘点前数据资料未结清,使账面数不准确。

⑤出入作业时产生误差。

⑥由于盘点人员不尽责导致货物损坏、丢失等。

8)处理盘点结果。查清原因后,为了通过盘点使账面数与实物数保持一致,需要对盘点盈亏和报废品一并进行调整。除了数量上的盈亏,还将会通过盘点对有关商品进行价格的调整。这些差异的处理,可以经主管审核后,填写货物盘点数量盈亏、价格增减更正表。

(3)盘点用表

1)预盘明细表如表3-3所示。

表3-3 预盘明细表

种类:				预盘期: 年 月 日		
料号	品名规格	单位	前期盘存量	本期入库量	本期出库量	本期盘存量

2)盘点单如表3-4所示。

表3-4 盘点单

物料盘点单编号:

	种类代号			简称	
	料号		品名		规格
	单位			应有预盘量	
预盘	日期			盘点人	
	实盘量			盘盈(亏)量	
复盘	日期			盘点人	
	实盘量			盘盈(亏)量	
存料状态	☐良 品 ☐不良品 ☐呆 料		备注		

3)货品盘点数量盈亏、价格增减更正表如表 3-5 所示。

表 3-5　货品盘点数量盈亏、价格增减更正表

货物编号	货物名称	单位	账面资料			盘点实存			数量盈亏		价格增减				差异原因	负责人	备注
			数量	单价	金额	数量	单价	金额	数量	金额	数量	金额	单价	金额	单价	金额	

4)不良品盘点登记表如表 3-6 所示。

表 3-6　不良品盘点登记表

货仓名称				填表日期			
				填表人		复核人	
编号	不良品			损坏程度			
				<50%		50%～100%	
	货物名称规格	单位	数量	金额	数量	金额	数量	金额

2.货物检查

货物检查包括清点货物数量、检查货物质量(有无超过保管期或长期积压情况)、检查保管条件、检查库存安全状况等。

(1)清点货物数量

通过点数计数查明商品实际的在库数量,核对库存账面资料与实际库存数量是否一致。

(2)检查货物质量

检查在库商品质量有无变化、有无超过有效期和保质期、有无长期积压等现象,必要时还必须对商品进行技术检验。

(3)检查保管条件

检查保管条件是否与各种商品的保管要求相符合。例如,堆码是否合理稳固,库内温度是否符合要求,各类计量器具是否准确等。

(4)检查库存安全状况

检查各种安全措施和消防器材是否符合安全要求,建筑物和设备是否处于安全状态。

3.2.4　储存作业的改善

自动化立体仓库一般是指采用几层、十几层乃至几十层高的货架来储存单元货物,并用相应的搬运设备进行货物入库、出库作业的仓库。这类仓库由于能充分地利用空间储存货物,故常形象地称为立体仓库。立体仓库的建筑高度一般为 5 m 以上,最高的可达 40 m,常用的立体仓库高度为7~25 m。自动化立体仓库是随着生产力的高度发展、自动化技术的广泛应用,为适应仓储作业的高效、准确、低成本的要求而产生的,它是现代物流的重要装备。

自动化立体仓库由高层货架、巷道堆垛起重机、周边搬运系统和控制系统组成。自动化立体仓库内高层货架每两排合成一组,每两组货架中间设有一条巷道,供巷道堆垛起重机和叉车行使作业。每排货架分为若干纵列和横排,构成货架或存货位,用于存放托盘或货箱。巷道堆垛起重机自动对准货位存取货物,通过周边搬运系统完成自动存取作业,如图3-7所示。

图3-7 自动化立体仓库

3.2.5 在库作业单据的填制

仓库在日常运作时,因货品在不停地出货,需要不定时地进行核查工作,即盘点,其中出货频率高或商品价值高的物品需要重点盘点。

【例3-2】2017年5月18日,仓库经理周明提出了PD002盘点单的要求,需要针对KF002库房的部分商品进行盘点,盘点信息如下。

1)康师傅茉莉蜜茶,产品编号KSF009,500 mL×12/箱,所在货位A区009,账面数量25箱。

2)康师傅康果水蜜桃汁,产品编号KSF005,500 mL×12/箱,所在货位A区002,账面数量30箱。

作业过程中,安排仓库保管员吴勇进行作业,并需要使用仓库的电动叉车一台。

吴勇依据盘点要求,开始进行盘点作业。在盘点过程中,他发现康师傅茉莉蜜茶少了2箱,康师傅康果水蜜桃汁少了1箱,两种物品均无破损。但盘点时发现,有2箱康师傅康果水蜜桃汁的质保期只剩20%。经过仓库管理员吕辛复核后,吴勇将此单交还仓库经理周明。

请根据上述要求,制作盘点单。

解: 制作的盘点单如图 3-8 所示。

盘点单									
编号					PD002				
下达日期		2017 年 5 月 18 日			执行日期		2017 年 5 月 18 日		
目标仓库		KF002			负责人	周明	回单人		吴勇
调用资源									
资源名称		负责人			数量				
电动叉车		吴勇			1 台				
货品信息									
区	储位	货品		型号	账面数量	实际数量	盈亏数量	损坏数量	备注
A 区	009	康师傅茉莉蜜茶			25	28	2		
A 区	002	康师傅康果水蜜桃汁			30	29	1		质保期只剩 20%
仓库负责人		吴勇			复核人		吕辛		

图 3-8 盘点单

▶ **小组模拟训练**

1. 堆码实训

(1) 训练目标

根据不同货物的特点选择正确的堆码方式。

(2) 岗位角色

将全班学生分组,每组 3~6 人。

(3) 训练内容

准备多种不同特点的货物、托盘,进行货物堆码。

(4) 训练步骤

1) 观察货物的特点,选择堆码方式。

2) 按照堆码要求,进行货物堆码。

3) 教师点评,并为各小组评分。

(5) 注意事项

1) 准备的货物要品种多样,具有代表性。

2) 小组成员之间要相互配合,充分发挥团队精神。

3) 注意安全。

(6)考核标准

考核评分表如表3-7所示。

表3-7 考核评分表

考评人		被考评人	
考评地点		考核时间	
考评内容		堆码实训	
考评标准	具体内容	分值	实际得分
	堆码方式选择合理与否	30	
	实际操作情况	40	
	团队合作情况	15	
	安全情况	15	
	合计	100	

2.盘点实训

(1)训练目标

根据需要使用不同的方法进行盘点,熟练填写相关单据和报表。

(2)岗位角色

将全班学生分组,每组3~6人。

(3)训练内容

1)构建一个模拟仓库,安排适合进行盘点的储区。

2)准备必要的辅助材料,如托盘、手套、工作服及相关单据和报表等,进行货物盘点。

(4)训练步骤

1)讨论并选择盘点方法。

2)实际盘点。

3)填写相关单据和报表。

4)展示并讲解盘点结果。

5)教师点评,并为各小组评分。

(5)注意事项

1)模拟储区要符合实际需要,具有代表性。

2)盘点时要认真,避免差错。

3)各小组要相互配合,充分发挥团队精神。

4)各小组要能够讲解自己的作业过程。

(6)考核标准

考核评分表如表3-8所示。

表 3-8 考核评分表

考评人		被考评人	
考评地点		考核时间	
考评内容	盘点实训		
考评标准	具体内容	分值	实际得分
	盘点方法选择合理与否	30	
	实际操作情况	30	
	单据和报表的填写情况	25	
	作业展示、讲解效果	15	
	合计	100	

3. RF 手持终端盘点实训

(1)训练目标

能够使用 RF 手持终端进行盘点作业。

(2)岗位角色

将全班学生分组,每组 3~6 人。

(3)训练内容

1)对存储区域的货品进行盘点作业。

2)准备必要的辅助设备,如 RF 手持终端、工作服及相关单据和报表等,进行 RF 手持终端盘点。

(4)训练步骤

1)盘点准备:在系统中生成盘点单,录入盘点计划;盘点人员在 RF 手持终端上输入盘点单号,获取盘点任务。

2)用 RF 手持终端扫描储位:操作人员用 RF 手持终端设备扫描要盘点的储位条码。

3)货品扫描:依据 RF 手持终端设备提示,使用 RF 手持终端设备扫描货品条码,同一货品只需扫描一次条码。

4)数量输入:输入该货品清点后确认的数量。

5)数据核对:在系统中查询盘点差异,若无差异,则将盘点结果导入系统;若存在差异,则进行盘盈盘亏差异调整。

6)教师点评,并为各小组评分。

(5)注意事项

1)RF 手持终端操作要准确。

2)小组成员之间要相互配合,充分发挥团队精神。

3)盘点货物数量时要细心,确保数量准确。

(6)考核标准

考核评分表如表 3-9 所示。

表 3-9 考核评分表

考评人		被考评人	
考评地点		考核时间	
考评内容	RF 手持终端盘点实训		
考评标准	具体内容	分值	实际得分
	RF 手持终端操作是否准确	30	
	小组分工是否明确	20	
	RF 手持终端扫描储位是否正确	15	
	RF 手持终端扫描货品是否正确	20	
	数量输入是否准确	15	
	合计	100	

4. 自动化立体仓库实训

（1）训练目标

加深对自动化立体仓库和堆垛机的认识，掌握自动化立体仓库的实际运作方法，增强学生的实践操作能力。

（2）岗位角色

将全班学生分组，每组 3～6 人。

（3）训练内容

准备好自动化立体仓库，进行仓库的实际动作。

（4）训练步骤

1）打开物流控制实训系统，进入系统演示的操作界面。

2）在系统演示的操作界面中单击"仓位选择"按钮，此时会打开仓位选择界面。在仓库选择界面中有入库、出库、移仓和对调四个选项。此时，可根据实际想要进行的操作，对系统进行仓位选择。

3）在操作过程中，若系统出现执行错误，此时可以在系统中断位置输入，然后按 Enter 键，退出运行后重新激活。

4）仓位选择好之后，查看库存情况。单击"库存"按钮，系统会读取数据库库存信息，并在当前画面显示。仓位库存画面可以实时监控当前仓库中的动态信息，如堆垛机的当前位置、当前进行操作的货物位置、仓位有货无货等。

5）循环进行，直到各小组都进行完毕。

6）教师点评，并为各小组评分。

（5）注意事项

1）具有安全意识。

2）操作认真、仔细、正确。

3）小组成员之间相互配合，充分发挥团队精神。

(6)考核标准

考核评分表如表 3-10 所示。

表 3-10 考核评分表

考评人		被考评人	
考评地点		考核时间	
考评内容		自动化立体仓库实训	
考评标准	具体内容	分值	实际得分
	是否正确操作立体仓库	60	
	小组合作情况	40	
	合计	100	

3.3 出库作业

▶学习目标

知识目标:掌握出库作业流程,理解出库作业的基本要求和出库形式。
技能目标:能正确进行出库作业操作,能正确填制出库单。
素质目标:培养认真的工作态度和团队协作精神。

▶案例导入

沧海物流有限公司是一家大型仓储配送型第三方物流公司,主要为客户提供定制化仓储与配送服务。康师傅控股有限公司、联合利华集团、酷8电子商务有限公司是沧海物流有限公司的主要客户,公司仓库储存这几家客户的货物品类主要包括食品饮料、洗护用品、服装箱包、光盘等,并且货物都存放于C库房。

2017年3月23日,沧海物流有限公司C库房仓库管理员沈军接到仓库主管的工作指示,要完成当天的出库任务。沈军通过查看当日出库通知,发现3月23日有三个客户的货物需要出库,分别是康师傅控股有限公司、酷8电子商务有限公司及联合利华集团。

问题:如果你是沈军,在接到出库单后,如何进行货物的出库作业?

出库作业是仓储管理的最后一个环节,是仓库根据使用单位或业务部门开出的商品出库凭证,按其所列的商品名称、规格、数量、时间和地点等项目,组织、安排商品出库,并进行登账、配货、交接、送货等一系列工作的总称。

3.3.1 商品出库的基本要求

商品出库要求做到"三不三核五检查"。"三不"即未接单据不翻账、未经审单不备货、未经复核不出库;"三核"即在发货时,要核实凭证、核对账卡、核对实物;"五检查"即对单据和实物要进行品名检查、规格检查、包装检查、件数检查、重量检查。商品出库要求严格执行各项规章制度,提高服务质量,使用户满意。

3.3.2　商品出库的主要形式

1. 送货制

仓库根据货主单位预先送来的商品调拨通知单,通过发货作业,把应发商品交由运输部门送达收货单位,这种发货形式即送货制。

仓库实行送货制,要划清交接责任。仓储部门与运输部门的交接手续是在仓库现场办理完毕的;运输部门与收货单位的交接手续是根据货主单位与收货单位签订的协议,一般在收货单位指定的到货地办理。

送货制具有"预先付货、接车排货、发货等车"的特点。仓库实行送货制具有多方面的好处:仓库可预先安排作业,缩短发货时间;收货单位可避免因人力、车辆等不便而造成取货困难;在运输上,可合理使用运输工具,减少运输费用。

仓储部门实行送货制,应考虑货主单位不同的经营方式和供应地区的远近,既可向外地送货,也可向本地送货。

2. 自提制

由收货人或其代理持商品调拨通知单直接到库提取,仓库凭单发货,这种发货形式即提货制。它具有"提单到库、随到随发、自提自运"的特点。为划清交接责任,仓库发货人与提货人应在仓库现场对出库商品当面交接清楚并办理签收手续。

3. 过户

过户是一种就地划拨的形式,商品虽未出库,但其所有权已从原存货户转移到新存货户。仓库必须核对原存货单位开出的正式过户凭证后,才予办理过户手续。

4. 取样

取样,即货主单位出于对商品质量检验、样品陈列等需要,到仓库提取货样。仓库必须核对正式取样凭证后,才予发给样品,并做好账务记录。

5. 转仓

货主单位为了业务方便或改变储存条件,需要将某批库存商品自甲库转移到乙库,这种发货形式即转仓。仓库必须核对货主单位开出的正式转仓单后,才予办理转仓手续。

3.3.3　商品出库的流程

1. 出库准备

1)检查出库商品。
2)安排好堆放场地。
3)安排好人力、机械设备。
4)准备好包装材料或标准周转箱。

2. 出库信息处理

出库信息处理流程如图3-9所示。

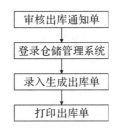

图 3-9 出库信息处理流程

1) 认真审核接收到的出库通知单。

2) 登录订单管理系统,选择左侧任务栏中的"订单录入"选项,选择"出库订单"选项,打开出库作业界面,单击"增加"按钮,新增一张出库订单。

3) 根据任务中给出的出库通知单,选择出库订单,并按照出库通知单的信息录入出库订单信息。在"订单货品"界面,单击"添加货品"按钮,在筛选框内筛选需出库的货品编码,则系统会自动查询到该货品的名称、规格,填写需出库货品的数量,单击"保存"按钮。返回出库订单列表界面,勾选刚才新增的订单,单击"生成作业计划单"按钮,系统会自动打开新增的订单界面,单击"确认生成"按钮,生成出库作业计划。

4) 打印出库单。

3. 出库备货

备货作业是指在接受订货指令、发出货票的同时,备货员按照发货清单在仓库内寻找、提取所需货品的作业。备货是货物出库的基础工作,是仓库或配送中心根据客户的需要,为货物出库业务的顺利进行而实施的组织商品货源和进行商品储存的一系列活动。

(1) 备货的基本要求

商品发放须有正式的出库凭证,仓库保管员必须认真核对出库凭证。首先要审核出库凭证的真实性,其次核对商品的品名、型号、规格、单价、数量、收货单位等,最后审核出库凭证的有效期等。审核完成之后,按照出库凭证所列项目开始备货工作。备货时应本着"先进先出、易霉易坏先出、接近有效期先出"的原则,备货完毕后要及时变动货卡余额数量,填写实发数量和日期。

(2) 备货的注意事项

1) 备货工作过程要按照操作规范进行。备货前要仔细核对出库单中出库货物的名称、数量,严格按照出库单中的出库信息进行备货;拣货时要轻拿轻放,避免备货、拣货过程中损坏货物;备货完成的货物应存放在备货区既定位置,货物存放时应按照货物码放规则码放,并将货物按照订单号分类存放。

2) 备货过程中所使用的设施设备应遵照设备操作规范。货物拣选过程中应根据货物的储区位置、货物属性选择合适的搬运设备,并严格按照设备操作规范操作。对电子货架存储区的货物进行拣选时,应注意电子标签拣货系统的应用。

4.出库交接

司机到达仓库后,仓库管理员按照出库核查流程,开始进行出库核查与交接工作。首先,核对提货司机的身份证信息与提货信息,确定提货人与提货信息准确无误;其次,检查出库单信息与备货信息是否一致,对货物进行清点复核;最后,双方确认信息无误后,仓库保管员在出库单上打钩,并与司机进行交接,要求司机在出库单上签上身份证号、车牌号、姓名、电话等。

3.3.4 商品出库的问题及解决措施

1.出库的问题

1)出库单有误。如出库凭证超过提货期限、出库凭证被修改或者是复印件、出库凭证遗失等。

2)出库数量差异。没有按照订单上的数量进行出库,货物数量减少或增多。

3)装车错误。

4)包装破漏。出库时没有仔细检查包装或在搬运过程中疏忽,导致出库的某些货物包装破损。

5)账单和实物不符,没有及时更新货物的进出库情况。

6)仓库发错货。发货人员由于对物品种类规格不熟悉,或者工作中的疏漏,将错误规格、数量的物品发出库。

7)物品出库后,没有及时地清理仓库,导致货物混乱。

2.解决措施

1)对于出库单的问题,要及时与仓库保卫部门或出具出库单的部门联系,妥善处理。对于出库凭证遗失的,应及时与仓库发货员和账务人员联系挂失,如果挂失时货已被提走,保管人员不承担责任,但要协助货主单位找回商品;如果货物没有被提走,要做好挂失登记,将原证作废,缓期发货。

2)出库时要检查并核对出库货物的数量、质量、规格等是否符合要求。

3)装车时要检查装车是否正确,以免造成不必要的损失。

4)出库时要严格检查货物包装,以免有破损货物,在搬运过程中要小心谨慎,以免损坏货物。

5)对于货物的信息要及时更新,经常检查、核对账单和实物。

6)当发错货时,组织人力重新发货。如果货物已经发出,保管人员应及时向主管部门和货主通报串发和错发的货物的名称、规格、数量、提货单位等情况,会同货主单位和运输单位共同协商解决。

7)物品出库后,可能会出现货垛被拆开、货位被打乱、现场留有垃圾和杂物,保管员应根据规划要求,摆放好物品,及时清扫发货现场,保持清洁整齐,空出的货位应在仓库货位图上标注,以备新的入库物品使用。

3.3.5 出库作业单据的填制

祥升物流有限公司是一家第三方物流公司,为客户提供如仓储、保管、运输、配送、流通加工、信息处理等诸多服务。现有客户上海罗特商贸公司与其签订物流服务合同,委托其进行货品的收货、储存和配送的物流服务,双方使用信息系统进行对接,通过软件和通信协议完成到货信息、收货信息、订货信息的在线传输。

【例3-3】2017年3月10日6点,祥升物流有限公司通过信息系统接收到上海罗特商贸公司的订货需求,包括生肖马克杯(编号LT012),300 g×24只/箱,10箱;六角300 mL玻璃杯(编号LT018),200 g×24只/箱,20箱;古典咖啡杯(编号LT023),300 g×24只/箱,20箱。物流中心调度员胡季敏开立了FHTZ5001的发货通知单,通知KF010库房的负责人张伟进行备货。

张伟根据发货通知单的要求,核查商品存储状态如下:生肖马克杯,所在库位B区02排03储位;六角300 mL玻璃杯,所在库位B区01排07储位;古典咖啡杯,所在库位B区02排06储位。

备货完毕后,调度员孙祥来KF010库房提货,并安排车辆配送到大润发超市,由超市验收主管刘文清签收。请根据上述要求进行出库单的缮制,并在出库单中备注:易碎物品,注意安全。

解: 完成的出库单如图3-10所示。

出库单								
				作业计划号				
库房	KF010			□正常商品		□退换货		
发货通知单号			FHTZ5001		出库时间	2017年3月10日		
收货单			应发总数	50	实发数量	50		

产品名称	产品编号	规格	单位	应发数量	实发数量	货位号	批号	备注
生肖马克杯	LT012	300 g×24只/箱	箱	10		B区02排03储位		易碎物品,注意安全
六角300 mL玻璃杯	LT018	200 g×24只/箱	箱	20		B区01排07储位		易碎物品,注意安全
古典咖啡杯	LT023	300 g×24只/箱	箱	20		B区02排06储位		易碎物品,注意安全

保管员	张伟	提货人	孙祥	制单人	

图3-10 出库单

▶ 小组模拟训练

(1)训练目标

灵活运用所学知识,解决实际问题,正确完成出库作业。

(2)岗位角色

将全班学生分组,每组5~8人。

(3)训练内容

接到出库单后,进行货物的出库作业。

(4)训练步骤

1)出库订单处理。

2)出库下架作业。利用RF手持终端下载作业任务,利用堆高车完成下架作业,将货物从相应货位取出并运至托盘货架交接区,利用RF手持终端确认货位地址。

3)出库搬运。利用手动搬运车将货物运至发货理货区。

4)卸货。按照出库单数量将相应的货物卸到发货理货区。

5)返库搬运。对于整托出库货物要把货物从托盘搬运下来,并把托盘回收到托盘存放区。

6)归位。对于非整托出库的剩余货物和托盘须放回原货位。

7)教师点评,并为各小组评分。

(5)注意事项

1)进行出库前的准备工作。

2)小组成员之间要相互配合,充分发挥团队精神。

3)遵守纪律,听从指挥,表现出良好的综合素质。

(6)考核标准

考核评分表如表3-11所示。

表3-11 考核评分表

考评人			被考评人	
考评地点			考核时间	
考评内容		出库作业实训		
考评标准	具体内容	分值		实际得分
	出库单制作是否正确	30		
	出库下架是否正确	20		
	出库搬运是否正确	15		
	卸货是否正确	20		
	返库搬运是否正确	15		
	合计	100		

本 章 小 结

入库作业是仓储管理的开始,包括货物接运、货物入库验收、办理入库交接手续等一系列业务活动。入库单据主要包括货物入库单和储位分配单。在库管理是对仓库内库存商品进出保管保养、检查盘点的管理活动。出库业务是仓储管理的最后一个环节,主要包括出库的要求、出库的主要形式、出库的流程和出库问题的处理。

通过对出入库工作流程、在库管理和出库作业流程的讲解,帮助学生明确仓储作业流程。

第 4 章
包装与流通加工

包装与流通加工都是物流的职能。包装是物流活动的基础,它既是生产的终点,又是物流过程的起点,贯穿于整个物流过程。它的材料、形式、方法及外形设计对其他物流环节有着重要的影响。流通加工是指在物流过程中进行的一些辅助的加工活动,它是为了向用户提供更有效的商品,或为了弥补生产过程中的不足,或为了合理利用资源,更有效地衔接产需。

4.1 包　　装

▶学习目标

知识目标：了解包装材料和包装机械设备，掌握包装技术；了解包装合理化的重要性，掌握包装合理化采取的措施。

技能目标：能根据不同的商品选用与之相应的包装方法，保证商品的质量。

素质目标：树立保护环境的理念、成本意识和责任意识。

▶案例导入

1. 2016年中国快递件数超过300亿，约使用120亿个塑料袋、144亿个包装箱、247亿米封箱胶带——可以绕地球600多圈。制作1 t快递包装箱纸板，需用掉20棵树龄为20~40年的树木；一个不超过50 g的普通快递箱，却需消耗2 000 g水和木材。约有55%的消费者在拿到快递后将包装丢弃，纸板和塑料的实际回收率不到10%，在一些发达国家这一数据则达45%左右。同时，透明胶带、气泡膜、塑料袋等在内的包装物的主要原料为聚氯乙烯，焚烧时会产生大量污染物，填埋处理需上百年才能降解。

问题：日常生活中，快递包装主要使用哪些包装材料？快递包装主要有哪些问题？快递包装产生的废弃物应如何处理？

2. 作为世界性三大无醇饮料之一的茶叶，被誉为21世纪的饮料，并以其天然、营养、保健的品质特点而备受世人青睐。茶叶作为一类特殊商品，不完善的包装往往会使茶叶的形、色、香、味受到损坏，为了实现长时间的储存和运输，需要对茶叶进行有效的包装。

问题：茶叶应采用哪些包装方法和包装技术？

在物流过程中，货物种类繁多、性能各异，其包装必须根据产品的类别、性能及聚集状态等因素，选择合适的包装材料，并采用正确的包装方法及相应的包装技术，以最低的货物消耗，保证将产品完整地输送到消费者手中。

4.1.1　包装的概念、功能与分类

1. 包装的概念

包装是为了在流通过程中保护产品、方便储运、促进销售，按一定技术方法采用的容器、材料及辅助物等的总体名称，也指为了达到上述目的而采用容器、材料和辅助物的过程中施加一定技术方法的操作活动。

2. 包装的功能

（1）保护货物

包装可以使货物免受日晒、雨淋、灰尘污染等自然因素的侵袭，减少挥发、渗漏、溶化、污染、碰撞、挤压、散失及盗窃等损失。

（2）方便物流

包装为货物的运输、销售、储存等带来方便，如装卸、盘点、码垛、发货、收货、转运、销售计数等。

（3）增加企业收入

包装可实现货物的商品价值和使用价值，并且是增加商品价值的一种手段，从而增加企业收入。

（4）促进销售

包装可以美化商品、吸引顾客，有利于促进货物的销售。

（5）方便消费

大小适宜的包装便于消费者携带、保存和使用。包装上的绘图、商标和文字说明等既方便消费者辨认，又介绍了商品的成分、性质、用途及使用和保管的方法等，起着指导和方便消费者消费的作用。

3. 包装的分类

（1）按包装在物流过程中的作用划分

1）销售包装。销售包装又称内包装，是直接接触商品并随商品进入零售网点面向消费者的包装。

2）运输包装。运输包装是以满足运输储存要求为主要目的的包装。它具有保障产品的运输安全，方便装卸，加速交接、点验等作用。

（2）按包装的大小划分

1）单件运输包装。单件运输包装是指在物流过程中作为一个计件单位的包装。常见的有箱、桶、袋、包、篓、筐、罐、捆、玻璃瓶、陶缸、瓷坛等。

2）集合运输包装。集合运输包装（又称为组化运输包装）指将若干单件运输包装组成一件大包装。集合运输包装既是一种包装方式，又是一种新的运输方式，常见的有集装袋、集装包、托盘、集装箱。

（3）按包装在国际贸易中有无特殊要求划分

1）一般包装。一般包装即普通包装，货主对包装无任何特殊的要求。

2）中性包装和定牌包装。中性包装是指在出口商品及其内外包装上都不注明生产国别的包装。定牌包装是指买方要求在出口商品包装上使用买方指定的品牌名称或商标的包装。

（4）按对包装的保护技术划分

按对包装的保护技术的不同划分，包装可分为防潮包装、防锈包装、防虫包装、防腐包装、防震包装、危险品包装。

(5) 按包装的使用次数划分

1) 一次性包装。一次性包装在商品出售后,随着商品的使用而消耗或损坏,一般不再回收复用。

2) 多次用包装。多次用包装比较坚固耐用,它是指回收后经过适当的加工整理,又可以用来盛装商品的包装。这样既可节省资源,又可降低包装成本。

(6) 按包装的适用范围划分

1) 专用包装。专用包装是指专供某种商品使用的包装,如装汽油的铁桶。采用专用包装是由商品的独特性质所决定的。专用包装专门管理、专门使用,可保证商品在仓储中的安全。

2) 通用包装。通用包装是指可用来盛装多种商品的包装,如纸箱、塑料袋等。

(7) 按包装的制造材料划分

按包装的制造材料的不同划分,包装可分为纸包装、塑料包装、金属包装、玻璃包装、陶瓷包装、木制包装、纺织品包装、复合材料包装及其他包装。

此外,按照包装耐压的程度,包装分为软包装、半硬包装和硬包装;按照包装内的货物,将包装分为工业品包装、消费品包装和军用品包装;按照包装的方式,将包装分为单个包装、复合包装、内外包装和集合包装等。

4.1.2 包装技术、材料、机械、标记与合理化

1. 包装技术

(1) 防潮包装技术

防潮包装就是采用具有一定隔绝水蒸气能力的防潮材料,对产品进行包封,隔绝外界湿度变化对产品的影响,同时使包装内的相对湿度满足产品的要求,保护产品质量。

1) 绝对密封包装技术。绝对密封包装技术是指采用透湿度为零的刚性容器包装产品,如将产品装入金属容器内。

2) 真空包装技术。真空包装法也称减压包装法,是将物品装入气密性容器后,在容器封口之前将容器中的空气抽走,使密封后的容器内基本没有空气的一种包装方法。还可以利用抽真空造成负压来减小蓬松物品的体积,减少商品占用的储存空间。

3) 充气包装技术。充气包装技术是采用二氧化碳气体或氮气等不活泼气体置换包装容器中空气的一种包装技术方法,因此也称为气体置换包装。充气包装除了防潮、防氧化外,还可以防止真空包装中包装容器被商品棱角和突出部分戳穿。

4) 贴体包装技术。贴体包装技术是指用抽真空的方法使塑料薄膜紧贴在产品上,并热封容器封口,这样可大大降低包装内部的空气量及其影响。

5) 热收缩包装技术。热收缩包装技术用热收缩塑料薄膜包装产品后,经加热薄膜可紧裹产品,并使包装内部空气压力稍高于外部空气,从而减缓外部空气向包装内部的渗透。

6)泡罩包装技术。泡罩包装技术采用全塑的泡罩包装结构并热封,可避免产品与外部空气直接接触,并减缓空气向包装内部的渗透。这种包装技术是20世纪50年代末由德国发明并推广使用的,最早用于药片和胶囊的包装。

7)泡塑包装技术。泡塑包装即将产品先用纸或塑料薄膜包裹,再放入泡沫塑料盒内或就地发泡,这样可以不同程度地阻止空气渗透。

8)油封包装技术。油封包装技术是指将机电产品等涂以油脂或进行油浸,完成后金属部件不与空气直接接触,可有效地减缓湿气的侵害。

9)多层包装技术。多层包装技术是指采用不同透湿度的材料进行两次或多次包装,这样可以在层与层之间形成拦截空间。多层包装的阻湿效果较好,但操作麻烦。

10)使用干燥剂的包装技术。在包装产品的容器内放入干燥剂,它可吸收原有的及从外界透入的湿气而保护产品。

(2)防震包装技术

防震包装又称缓冲包装,在各种包装方法中占有重要的地位,是指为减轻内装产品受到冲击和震动,保护其免受损坏所采取的一定防护措施的包装。防震包装技术一般有以下四种。

1)全部防震保护技术。全部防震保护技术是指外包装与内装货物之间全部用防震材料(如泡沫塑料等)充填严实,以防因外力使内装货物遭受冲击和震动。

2)部分防震保护技术。部分防震保护技术对于整体性好和有内装容器的产品,只需在产品或内包装的拐角或局部地方使用防震材料进行衬垫即可。衬垫材料主要有泡沫塑料防震垫、充气型塑料薄膜防震垫和橡胶弹簧等。

3)悬浮式防震技术。悬浮式防震技术针对的是某些贵重易损的物品,为了有效地保证其在流通过程中不被损坏,往往采用比较坚固的外包装容器,然后用绳、带、弹簧等将被装物悬吊在包装容器内。若在物流中采用这种技术,无论是什么操作环节,内装物都被稳定悬吊而不与包装容器发生碰撞,从而减少损坏。

4)联合式防震保护技术。联合式防震保护技术是指在实际缓冲包装中将两种或两种以上的方法配合使用。例如,既加衬垫,又填充无定形缓冲材料,使产品得到更加充分的保护。有时还可以把不同材质的缓冲材料组合起来使用。

(3)防锈包装技术

金属由于受到周围介质的化学作用或电化学作用而发生损坏的现象叫金属锈蚀。一般的防锈包装技术是先将待包装的金属制品表面进行清洗处理,再涂封防锈材料,然后选用透湿率小的且易封口的防潮包装材料进行包装。包装容器接缝处的透湿率不应大于包装材料本身的透湿率,包装的表面积要尽可能小,以减少与外界大气的接触面。防锈保护技术主要有以下两种。

1)防锈油防锈蚀技术。在金属表面涂封防锈油使之与引起大气锈蚀的各种因素隔绝(即将金属表面保护起来),就可以防止金属不致遭大气锈蚀。用防锈油封装金属制品,要求油层有一定厚度,油层的连续性好,涂层完整。不同类型的防锈油要采用不同的方法进行涂复。

2）气相防锈包装技术。气相防锈包装技术就是用气相缓蚀剂（挥发性缓蚀剂）在密封包装容器中对金属制品进行防锈处理的技术。气相缓蚀剂是一种能减慢或完全停止金属在侵蚀性介质中的破坏过程的物质，它在常温下极具挥发性，在很短的时间内挥发或升华出的缓蚀气体就能充满整个密封包装容器，同时吸附在金属制品的表面上，从而起到抑制大气对金属锈蚀的作用。

（4）防霉包装技术

防霉包装技术就是在充分了解霉腐微生物的营养特性和生活习性的情况下，采取相应的措施使被包装物品处在抑制霉腐微生物滋长的特定条件下，延长被包装物品的质量保持期限，使之安全地通过仓储、流通和销售环节。防霉包装技术主要有以下六种。

1）冷冻包装技术。冷冻包装的原理是减慢细菌活动和化学变化的过程，以延长储存期，但不能完全防止食品变质。

2）高温灭菌技术。高温灭菌可消灭引起食品腐烂的微生物，可在包装过程中用高温处理以防止食物变质。

3）真空包装技术。真空包装可阻挡外界的水汽进入包装容器内，也可防止在密闭的防潮包装内部存有的潮湿空气在气温下降时结露。采用真空包装技术要避免过高的真空度，以防损伤包装材料。

4）干燥防霉包装技术。干燥防霉包装技术是将货物干燥后，再加以密封包装，防止水汽侵入，破坏霉菌的生存环境。

5）充气包装技术。充气包装技术是根据好氧性微生物需氧代谢的特性，在密封包装容器中改变气体的组成成分，降低氧气的浓度，抑制微生物的生理活动、酶的活性和鲜活商品的呼吸强度，达到防霉、防腐和保鲜的目的。

6）脱氧包装技术。脱氧包装技术是继真空包装和充气包装之后出现的一种新型除氧包装方法。脱氧包装是指在密封包装容器中使用能与氧气起化学作用的脱氧剂与之反应，从而除去包装容器中的氧气，以达到保护内装物的目的。脱氧包装技术适用于某些对氧气特别敏感的物品，多用于那些即使有微量氧气也会导致品质变坏的食品。

此外，为了防止运输包装内的货物发霉，还可使用防霉剂。防霉剂的种类很多，用于食品的必须选用无毒防霉剂。对于机电产品的大型封闭箱，可酌情开通风孔或通风窗等。

（5）防破损包装技术

1）捆扎及裹紧技术。捆扎及裹紧技术的作用是使杂货、散货形成一个牢固的整体，以增加整体性，便于处理及防止散堆来减少破损。

2）集装技术。利用集装，减少与货体的接触，从而防止破损。

3）选择高强保护材料。通过外包装材料的高强度来防止内装物受外力作用而破损。

（6）防虫害包装技术

防虫害包装是以用包装容器将易遭虫害的产品密封起来为主要手段，并以防虫、驱虫或杀虫为辅助手段，从而达到使产品免遭受虫害的目的。不仅要用包装来达到防虫的目的，而且需要净化生产环境,尤其需要注意包装材料、包装容器及包装操作等环节的防虫。防虫害的方法主要有以下两种。

1)放置驱虫剂。在包装中放入有一定毒性和气味的药物,利用药物在包装中挥发的气体杀灭和驱除各种害虫。常用驱虫剂有萘、对位二氯化苯、樟脑精等。

2)采用特种包装。常用的有真空包装、充气包装、脱氧包装等技术,使害虫无生存环境,从而防止虫害。

此外,为了防止虫害,包装的材料和包装容器应当避免使用被虫蛀的木材;竹片和条筐必须经过消毒或蒸煮;糊纸盒的糨糊应放入防腐剂,防止蛀虫的滋生。

(7)危险品包装技术

危险品包装就是根据危险品的特点,按照有关法令、标准和规定专门设计的包装,在其包装上,尤其是在运输中必须标明不同类别和性质的危险货物标志。危险品包装应注意以下一些问题。

1)对有毒商品的包装要明显地标明有毒的标志。防毒的主要措施是包装严密不漏、不透气。例如,重铬酸钾(红矾钾)和重铬酸钠(红矾钠)为红色带透明结晶,有毒,应用坚固铁桶包装,桶口要严密不漏,制桶的铁板厚度不能小于 1.2 mm。对有机农药一类的商品,应装入沥青麻袋,缝口严密不漏。若用塑料袋或沥青纸袋包装的,外面应再用麻袋或布袋包装。例如,用作杀鼠剂的磷化锌有剧毒,应用塑料袋严封后再装入木箱中,箱内用两层牛皮纸、防潮纸或塑料薄膜衬垫,使其与外界隔绝。

2)对有腐蚀性的商品,要注意防止商品和包装容器发生化学变化。对于金属类的包装容器,要在容器壁涂上涂料,防止腐蚀性商品对容器的腐蚀。例如,包装合成脂肪酸的铁桶内壁要涂有耐酸保护层,防止因铁桶被商品腐蚀,导致商品变质。再如,氢氟酸是无机酸性腐蚀物品,有剧毒,能腐蚀玻璃,不能用玻璃瓶作为包装容器,应装入金属桶或塑料桶,然后装入木箱。甲酸易挥发,其气体有腐蚀性,应装入良好的耐酸坛、玻璃瓶或塑料桶中,严密封口,再装入坚固的木箱或金属桶中。

3)对黄磷等易自燃商品的包装,宜将其装入壁厚不少于 1 mm 的铁桶中,桶内壁须涂耐酸保护层,桶内盛水,并使水面浸没商品,桶口严密封闭,每桶净重不超过 50 kg。对于遇水引起燃烧的物品,如碳化钙遇水即分解并产生易燃乙炔气体,对其应用坚固的铁桶包装,桶内充入氮气。若桶内不充氮气,则应装置放气活塞。

4)对于易燃、易爆商品,如具有强烈氧化性的商品,遇有微量不纯物或受热即急剧分解引起爆炸的商品,包装的有效方法是采用塑料桶包装,然后将塑料桶装入铁桶或木箱中,每件净重不超过 50 kg,并应有自动放气的安全阀,当桶内达到一定气体压力时,能自动放气。

5)对于装运危险品的包装必须先报经商检部门检验合格后才能使用,因危险品的包装属于法定检验的范围。商检部门要根据危险品的性质、包装类型和包装材料的不同分别进行渗漏、液压、落体、堆积等不同的试验,合格后才签发包装性能鉴定证书和使用证书。

6)对于危险品,在其内外包装上要印刷或粘贴有毒、易燃、易爆等警告性标志。若进行国际运输还应加贴《国际海运危险货物规则》中规定的说明不同危险性质的危规标志。

(8)热收缩包装与拉伸包装技术

1)热收缩包装技术。热收缩包装技术是指用收缩薄膜包裹物品(或内包装件),然后对薄膜进行适当加热处理,使薄膜收缩而紧贴于物品(或内包装件)的包装技术。收缩薄膜是收缩包装材料中最重要的一种。

2)拉伸包装技术。拉伸包装技术是依靠机械装置在常温下将弹性薄膜围绕被包装件拉伸、紧裹,并在其末端进行封合的一种包装技术。拉伸包装用于运输包装可以节省设备投资和材料、能源方面的费用。

2. 包装材料

(1)常用的包装材料

1)草类材料。草类材料是比较落后的一种包装材料,它的主要来源是各种天然草类植物。这些草类植物经过梳理、编织可制成包装材料,如草席、蒲包和草袋等。

2)纸制材料。纸制材料可做大包装、小包装、包装衬里和商标,它是应用最广泛的包装材料。纸制材料还可以与其他材料做复合包装,以纸为基材,然后和铝、塑料、蜡等多种材料复合,再加上各种涂料,可以使包装具有防潮、防漏、防菌、防紫外线和防破碎等多种功能。

3)木制材料。木制材料具有强度高、生产加工简便、便于运输和储藏等优点。它是最常见的包装材料,大多木材可以作为包装材料,如用木材、胶合板或纤维板制成的木箱、木桶、木笼子等。

4)纤维材料。纤维材料是指用各种纤维制作的包装材料,主要有黄麻、红麻、大麻、青麻、罗布麻、棉花、合成树脂和玻璃纤维等,用它们可以制成麻制品包装物,如麻袋。

5)金属材料。金属材料主要包括薄钢板、马口铁、镀锌铁皮和铝及铝合金等。它的特点是强度好、密封性好、易加工成形、易焊接、易涂饰和印刷、耐腐蚀性好、基本无毒害。因此,金属材料广泛应用于金属圆桶、白铁皮罐、储气瓶、金属丝和网等包装物的制作。

6)陶瓷、玻璃材料。陶瓷具有耐风化、不变形、耐热、耐酸和耐磨等优点;玻璃属于无机硅酸盐制品,具有透明、清洁及美观等优点。两者都有一定的机械强度和良好的化学稳定性,易封闭,价格较便宜,可以多次周转使用,且原料来源丰富。陶瓷、玻璃制作的包装容器,尤其适合于各种流体货物的包装,而且容易洗刷、消毒和灭菌,能保持良好的清洁状态。同时,它们还可以回收再利用,有利于包装成本的降低。

7)塑料包装材料。塑料包装材料即合成树脂包装材料,主要有聚乙烯、聚丙烯、聚氯乙烯、聚苯乙烯、酚醛树脂和氨基塑料等。塑料包装的优点是光学性能好、透明、质轻、富有弹性、耐折叠、密封性好、防水和防潮、耐酸碱、防虫害、防污染、加工简单和易着色等。塑料在包装材料应用中显得越来越重要,塑料瓶、塑料袋和塑料箱等包装物被广泛应用于销售包装、运输包装等领域。目前,塑料正向复合化方向发展,作为包装材料,其前景十分广阔。

(2)新型包装材料

1)复合包装材料。复合包装材料是由两种或两种以上的材料经热合和黏合而制成的。在复合材料中,以纸为基材的越来越多,原因是纸的价格便宜,无异味,不会污染被包装的产品。纸的性能优越,有多种用途。纸和铝、塑料及蜡等多种材料复合,加上各种涂料的包装,具有防潮、防漏、防菌、防紫外线和防破碎等多种功能。例如,用于水泥包装的牛皮纸、聚丙烯编织布、牛皮纸的复合材料,用于饮料包装的塑料、纸与塑料的复合材料,用于食品包装的塑料、铝箔与塑料的复合材料。复合材料包装综合体现了这些材料的优点,具有良好的机械强度、稳定的化学性能及优良的密封遮光性能等,在包装行业中得到了广泛应用。

2) 绿色包装材料。绿色包装材料即无污染包装材料。作为绿色包装材料,应具备以下五个条件。

①在具有包装功能的条件下,用料应该最省,包装废弃物最少,节约资源和能源。

②包装易于回收,能够再利用,进行再循环。

③包装在焚烧时不产生毒气或形成二次污染。

④包装材料经使用后在自然界中能够自行降解成自然界生物可吸收状态,不对消费对象及环境造成危害。

⑤包装材料能保证内装货物的质量不受损害。

3. 包装机械

包装机械是指完成部分或全部包装过程的一类机器。包装过程包括充填、裹包、封口等主要工序及与其相关的前后工序,如清洗、堆码和拆卸等。此外,包装还包括在包装件上盖印等工序。主要的包装机械设备有以下几种。

1) 贴标机械,是将事先印制好的标签粘贴到容器特定部位的机器。贴标工艺过程一般包括取标、传送、打印、涂胶、贴标和熨平等基本工序。

2) 裹包机械,是使用软性材料局部或全部裹包产品的机器,它适合块状或具有一定刚度的物品的包装。同时,该设备对某些经过浅盘、盒等的预包装后的粉状或散粒状物品也可进行包装。按裹包方式的不同,裹包机械分为折叠式裹包机、接缝式裹包机、覆盖式裹包机、缠绕式裹包机、拉伸式裹包机、贴体式裹包机、收缩式裹包机等。

3) 灌装机械,是将液体产品按预定的量充填到包装容器内的机器。它不仅可以依靠自重以一定速度流动而灌装黏度较低的物料,如酒类、油类、饮料等,还可以依靠压力以一定速度流动而灌装某些黏稠物料或半流体物,如牙膏、洗发水、药膏等。现代包装业中,液体的灌装设备多具有"灌装—封口""清洗—灌装—封口"等多种功能。按照灌装产品的工艺的不同,灌装机械可分为常压灌装机、真空灌装机、加压灌装机等。

4) 充填机械,是将产品按预定量充填到包装容器内的机器。它适用于包装粉状、颗粒状的固态物品。按计量的方式划分,充填设备包括计量式充填机械、称重式充填机械、计数式充填机械等。

5) 封口机械,是在包装容器内盛装产品后,将容器的开口部分封闭起来的机器。封口是包装工艺中必不可少的工序。常见的封口机有热压式封口机、熔焊式封口机、缝合式封口机、卷边式封口机、液压式封口机、旋合式封口机、结扎式封口机等。

6) 捆扎机械,是采用柔软的线材对包装件进行自动捆扎的机器,属于外包装设备。它主要用于食品、化工,以及各种零件、部件和整机的包装。常用的捆扎设备有自动捆扎机、低台式捆扎机、台式捆扎机、侧面捆扎机、无人化全自动捆扎机等。

7)真空与充气包装机械。真空包装机是将产品装入包装容器后,抽去容器内部的空气,以达到预定真空度的机器。充气包装机能及时将产品装入包装容器内,再将氮气、二氧化碳等气体置换到容器内,并完成封口的机器。常见的真空包装机有单室真空包装机、双室真空包装机、小型真空包装机等。

8)装箱机械,是为保护产品、便于运输、促进销售,将物品按一定方式、一定数量装入箱内,完成这些工序的机器。装箱机械具有开箱、充填和封口等功能。根据装箱方式的不同,装箱机械分为填充式装箱机械和裹包式装箱机械。

9)收缩包装机械,是用拉伸定向的热收缩薄膜包装物品(或内包装物品),然后对薄膜进行适当的加热处理,使薄膜收缩而紧裹物品(或内包装物品)的机器。

10)热成型包装机械。根据包装容器成型工艺的不同,热成型包装机械可分为泡罩包装机和贴体包装机。泡罩包装机是目前应用较广泛的一种包装机械。

4. 包装标记

包装标记是识别商品特征,便于查对交接,指示商品的装卸、搬运、堆垛,维护商品质量的依据。正确清楚的标志,对保障商品储运安全,加速商品流转,减少货损、货差都起着重要的作用。常用的包装标记有如下几种。

(1)收发货标志

收发货标志是商品外包装上的商品分类图示标志、文字说明、排列格式和其他标志的总称,也称为识别标志,供收货人和发货人识别货物。它对收发货、入库及装车配船等环节起着特别重要的作用,也是一般贸易合同、发货单据和运输保险文件中记载有关标志事项的基本部分。收发货标志的内容如下。

1)文字标志。文字标志是由发货人采用印刷或书写方式,在托运之前,在物品包装和运输标签上所做的标记,主要形式有以下两种。

①地唛标志。地唛标志是指用简单明了的文字准确地表达物品收发货单位、收发货人名称、地址及起始和到达的车站(码头或机场)等。运输部门称其为"唛头",是由英语 mark 的译音而来的。

②商品标志。商品标志是用文字、数字等形式,对包装内的商品所做的说明,如商品的商品名、货物号、规格、型号、等级、产地、数量、毛重、净重、尺寸和件数等。

2)企业标志。企业标志是用几何图形和适当的装饰代替收发货单位的全称或地址的标记。将独具风格的图案及符号作为企业的徽标和象征,有助于树立企业的形象和信誉,提高企业的知名度,也便于国际性贸易往来。

▶ 知识链接

在国际物流中,商品的外包装上通常应印刷或粘贴运输标志(shipping mark)和指示性标志(indicative mark)。对于危险品还应在外包装上加贴警告性标志(warning mark)。对于需要跨国配送的货物,还应在运输包装上加贴条形码。

(2)指示性标志

指示性标志是指依据商品特性,对在储运过程中怕湿、怕热、怕寒、怕碎等特殊商品,用文字、图形所做的特殊标记。其作用是在商品运输、装卸和储存时引起有关人员注意,并指出注意事项,避免发生差错事故。常见的指示性标志如图4-1所示。

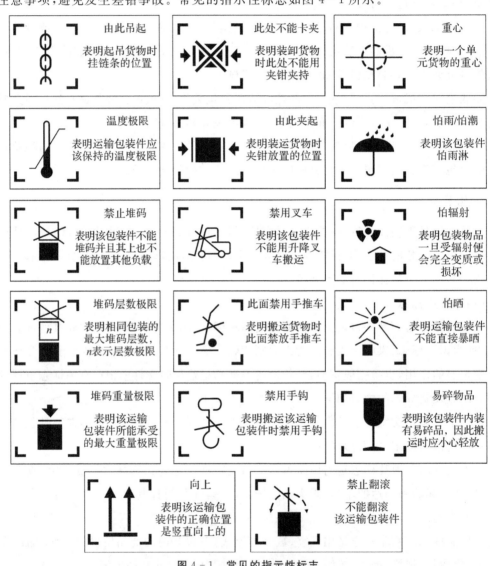

图4-1 常见的指示性标志

(3)警告性标志

警告性标志是指为了引起人们对危险品的注意,防止中毒、爆炸等事故发生而印刷在包装上的标记,也可称为危险品标志。运输包装内装有危险货物时,必须在运输包装上清楚地标明所规定的用于各类危险品的标志,以示警告,使有关人员在货物的运输、装卸、储存、保管、堆码等环节操作中,根据货物的性质,采用相应的防护措施,以保护货物和人身安全。此类标志为了能引起人们的特别警惕,采用特殊的彩色或黑色菱形图示,如图4-2所示。

图 4-2 常见的警告性标志

▶ 知识链接

危险货物主要指具有燃烧、爆炸、腐蚀、毒害等作用的化学品及其他原料。其性质一般较活跃,在储存和运输过程中稍有不慎便会酿成事故,造成财产损失和人员伤亡。

5. 包装合理化

包装合理化包括包装材料、包装技术和包装方式等方面的合理组合与运用,是包装总体的合理化,是宏观物流效益和微观包装效益的统一。实现包装合理化的途径有以下几个方面。

(1)包装的标准化

包装的标准化涉及包装的规格和尺寸,因为它们和托盘、集装箱的关系密切,与运输车辆、搬运机械要相匹配,所以,必须从系统的观点制定包装的尺寸标准。

(2)包装的机械化和集装单元化

为了提高作业效率和包装的现代化水平,积极开发和应用各种包装机械十分必要。包装的集装单元化可以降低成本,提高效率。

(3)包装的单纯化

为了提高作业效率,除了保证包装规格的标准化,还应力求包装材料和规格的单纯化、包装形状和种类的单纯化。

(4)包装的轻薄化

在保证包装保护商品的前提下,力求采用更轻、更薄、更短和更小的包装,不仅可以提高装卸、搬运的效率,还可以降低包装成本,减少废弃包装材料的数量,有利于环保。

(5)包装的绿色化

包装的绿色化是现代包装追逐的潮流,是指无公害、少污染、符合环保要求的各类包装物品。绿色包装主要包括纸包装、可降解塑料包装、生物包装及可食用性包装等,它们是包装经营的发展主流。

▶知识链接

绿色包装是指不会造成环境污染或恶化的商品包装。当前,世界各国的环保意识日渐增强,特别是一些经济发达国家出于对环保的重视,将容易造成环境污染的包装也列入限制进口之列,成为非关税壁垒的手段之一。例如,德国、意大利均禁止使用PVC(polyvinyl chloride,聚氯乙烯)做包装材料的商品进口。

▶小组模拟训练

1. 包装实训

(1)训练目标

灵活运用所学知识,解决实际问题。

(2)岗位角色

将全班学生分组,每组5~8人。

(3)训练内容

解答本节"案例导入"提出的问题。

(4)训练步骤

1)各小组通过多种途径搜集资料。

2)各小组讨论并回答问题。

3)各小组制作PPT课件。

4)各小组进行作品展示。

5)教师点评,并为各小组评分。

(5)注意事项

1)查询的相关资料要准确。

2)小组成员之间要相互配合,充分发挥团队精神。

3)要遵守纪律,听从指挥,表现出良好的综合素质。

(6) 考核标准

考核评分表如表 4-1 所示。

表 4-1 考核评分表

考评人			被考评人	
考评地点			考核时间	
考评内容		包装实训		
考评标准	具体内容		分值	实际得分
	案例分析透彻与否		30	
	讨论结果的可行性		20	
	PPT 制作是否精美		15	
	作业的讲解效果		20	
	问题的回答情况		15	
	合计		100	

2. 包装标志实训

(1) 训练目标

识别商品内外包装上的标志,掌握其含义。

(2) 岗位角色

将全班学生分组,每组 5～8 人。

(3) 训练内容

指出包装上的收发货标志、指示性标志、警告性标志,并说明其含义。

(4) 训练步骤

1) 各小组指出哪些是运输包装,哪些是销售包装。

2) 各小组指出运输包装上的标志的类型及含义(运输标志、指示性标志和警告标志)。

3) 各小组指出销售包装上的标志的类型及含义(包括图案与色彩。文字说明通常包括商品名称、品牌、数量、规格、成分构成、使用说明、生产日期、有效期、产地、条形码等内容)。

4) 各小组制作 PPT 课件。

5) 各小组进行作品展示。

6) 教师点评,并为各小组评分。

(5) 注意事项

1) 准备三种不同种类的商品运输包装(外包装),如家电商品(如计算机)、酒类等;准备三种商品的销售包装(内包装),如食品(如饮料、奶粉等)、日用品(如化妆品)、服装商品的销售包装(包装标志要齐全)。

2) 各小组相互配合、协作。

(6) 考核标准

考核评分表如表 4-2 所示。

表 4-2　考核评分表

考评人		被考评人	
考评地点		考核时间	
考评内容		包装标志实训	
考评标准	具体内容	分值	实际得分
	指出的包装类型是否正确	20	
	指出的标志类型及含义是否正确	30	
	PPT 制作是否精美	15	
	作业的讲解效果	20	
	问题的回答情况	15	
合计		100	

3. 打包实训

(1)训练目标

1)了解打包的各种工具。

2)掌握打包工具的使用方法。

(2)岗位角色

将全班学生分组,每组 5~8 人。

(3)训练内容

使用手动打包机与半自动打包机打包货物。

(4)训练步骤

1)手动打包机的操作步骤。

①用包装带环绕纸箱,包装带的位置位于纸箱中间,并调整好包装带的松紧度。

②夹紧包装带两端:注意包装带两端的顺序,带头位于左侧;将拉紧器调整至最外端。

③两端拉紧,用力要均匀,保证包装带松紧度适中。

④裁断包装带。裁剪过程中带子长度要适中,操作时注意安全。

⑤套上铁扣。操作时将铁扣口朝下套进去,切勿掰。

⑥用咬扣器将铁扣咬合,确保咬扣器在铁扣中间。

⑦设备复位。咬扣器复位正面朝上,拉紧器手柄处于最低位。

2)半自动打包机的操作步骤。

①接通电源开关 30 s,加热片达到捆扎温度后,即可进行捆扎操作。

②捆扎物体置于机器中间,包装带平贴入口,慢慢伸进去,机器自动打包。

③教师点评,并为各小组评分。

(5)注意事项

1)注意安全。

2)准备好打包机和纸箱。

3)小组成员之间要相互配合,充分发挥团队精神。
4)遵守纪律,听从指挥,表现出良好的综合素质。
(6)考核标准
考核评分表如表4-3所示。

表4-3 考核评分表

考评人		被考评人	
考评地点		考核时间	
考评内容		打包实训	
考评标准	具体内容	分值	实际得分
	手动打包情况	30	
	半自动打包情况	30	
	是否安全无事故	20	
	是否遵守纪律,听从指挥	10	
	是否团结协作	10	
	合计	100	

4.2 流通加工

▶学习目标

知识目标:了解流通加工的概念,掌握流通加工的内容和分类;了解流通加工不合理的形式,掌握流通加工合理化的措施。

技能目标:能针对不同商品采取与之相适应的流通加工方法,能进行流通加工的操作。

素质目标:培养安全意识和责任意识。

▶案例导入

1.上海华联超市公司(现为华联超市股份有限公司)建于1993年1月,是上海首家以发展连锁经营为目标的超市公司。华联超市股份有限公司共有三个配送中心,其中两个是常温配送中心,只做改包装等简单的流通加工;另一个是生鲜加工配送中心,堪称一座"食品加工城",在总面积为35 000 m² 的四个楼层上,依次为水果、水产品加工,原料清洗,冷却分割肉加工,调味品、盆菜、汉堡类产品和中西式熟食加工,所有加工都由先进的生产流水线来完成。

问题:华联超市股份有限公司的三个配送中心流通加工的内容各是什么?分别属于哪种类型的流通加工?

2.天津宝钢储菱物资配送有限公司是由上海宝钢国际经济贸易有限公司、中储发展股份有限公司和日本三菱商务株式会社共同投资兴建的中外合资企业,致力于发展以钢材加工配送和仓储物流为主的钢铁物流业务。2003年7月22日,天津宝钢储菱物资配送有限公司引进上海诚通香山金属交易有限公司(即上海香山钢材交易市场)的物流管理模式,共同营造第三方物流。合作后的上海香山钢材交易市场和宝钢储菱的决策层决定充分利用双方的各自优势,采用管理输出等形式,在以京津地区为主的区域市场中发挥综合优势和核心竞争力,发展以钢材加工配送和仓储物流为主的钢材物流业务,达到年钢材加工量80 000 t、钢材储运吞吐量600 000 t的规模,共同创建集加工配送、仓储物流、现货贸易和货运代理为一体的现代物流基地,把天津宝钢储菱物资配送有限公司发展成为北方地区资源渠道最广泛、服务形式最齐全、最具规模、最有特色的加工集散型的钢铁物流业基地,成为真正意义上的第三方现代物流业和钢铁企业的"第三利润源"。

问题: 天津宝钢储菱物资配送有限公司属于哪种流通加工形式?请说一说此案例中流通加工的合理化之处。

4.2.1 流通加工的概念、作用、内容与分类

1. 流通加工的概念

流通加工是对从生产地到使用地的过程中,根据需要对商品进行的包装、分割、计量、分拣、印刷标志、拴标签、组装等简单作业的总称。

流通加工和一般的生产加工在加工方法、加工组织、生产管理方面并无显著区别,但在加工对象、加工程度方面差别较大,其主要差别如下:

1)加工对象。流通加工的对象是进入流通过程的商品,具有商品的属性;而生产加工的对象不是最终商品,而是原材料、零配件或半成品。

2)加工程度。流通加工大多是简单加工,而不是复杂加工。一般来讲,如果必须进行复杂加工才能形成人们所需的商品,那么,这种复杂加工应专设生产加工过程。生产过程理应完成大部分加工活动,而流通加工是对生产加工的一种辅助及补充。特别需要指出的是,流通加工绝不是对生产加工的取消或代替。

3)价值观点。流通加工的目的是完善其使用价值,并在不做大改变的情况下提高商品的价值;生产加工的目的是创造价值及使用价值。

4)加工责任人。流通加工的组织者是从事流通工作的人,能密切结合流通的需要进行加工活动。从加工单位来看,流通加工由商业或物资流通企业完成;而生产加工则由生产企业完成。

5)加工目的。商品生产的目的是交换和消费,而流通加工是为了消费(或再生产)所进行的加工,这一点与商品生产有共同之处。但是流通加工有时以自身流通为目的,这种为了给流通创造条件而进行的加工与直接为消费而进行的加工从目的来讲是有区别的,这是流通加工不同于一般生产加工的特殊之处。

2. 流通加工的作用

1)流通加工提高了原材料利用率、加工效率及设备利用率。

2)流通加工可以弥补生产加工的不足。

3)流通加工方便了用户,提高了供应效率。

4)流通加工可以充分发挥出各种运输方式的最高效率。

5)流通加工可以提高商品档次,增加经济效益。

6)流通加工为配送创造了条件。

3.流通加工的内容

(1)钢材剪切流通加工

在钢材用户较集中的地区建立钢材剪切流通加工中心,购置专业的剪切设备,按照用户设计的规格尺寸和形状进行套裁加工,精度高、速度快、废料少、成本低。这种流通加工企业不仅提供剪切加工服务,还出售加工原材料和加工后的成品及配送服务。采用委托加工方式,用户省心、省力、省钱。

(2)木材流通加工

木材流通加工一般有两种情况:一是树木在生长地被伐倒后,消费不在当地,不可能连枝带杈被运输到外地,而是先在原处去掉树杈和树枝,将原木运走,然后在树杈、树枝、碎木、碎屑中掺入其他材料,在当地木材加工厂进行流通加工,制成复合木板。也可将树木在产地磨成木屑,采取压缩方法加大容重后运往外地造纸厂造纸。二是在消费地建木材加工厂,将原木加工成板材,或按用户需要加工成各种形状的材料,供给家具厂、木器厂。木材进行集中流通加工、综合利用,出材率可提高到72%,原木利用率达到95%,经济效益相当可观。

(3)水泥流通加工

成品水泥一般是粉状物,在物流的各个环节都容易污染环境,危害人体健康,很容易吸湿变质丧失其使用价值。水泥的半成品熟料是颗粒状物体,不会造成飞扬,也不会吸湿变质失效,其化学成分和成品水泥相同。在需要长途运入水泥的地区,变运入成品水泥为运入熟料等半成品,在该地区设立加工点,再将这种熟料研磨成粉状,并根据当地资源和需要情况掺入混合材料及外加剂,制成不同品种及标号的水泥供应给当地用户,还可以在水泥流通服务中心,将水泥、沙石、水及添加剂按比例进行初步搅拌,然后装进水泥搅拌车,事先计算好时间,水泥搅拌车一边行进,一边搅拌,到达建筑工地后,搅拌均匀的混凝土可直接进行浇注。

▶ 知识链接

集中搅拌混凝土是指将粉状水泥运送到使用地区的流通加工点,即将粉状水泥添加沙、石、其他配料和水,搅拌成商品混凝土,然后供应给各个建筑工地或预制件生产厂使用。如果将熟料粉碎与混凝土搅拌结合,效果更好。

(4)水产品、肉类流通加工

深海渔船出海,有时一个月回来一次,这期间从海中打捞上来的鱼、虾等海产品,在船上进行开膛、去尾、剔骨,然后冷冻保存,不仅节省轮船舱容,增加保管能力,又能保鲜存放。牛肉、猪肉、鸡肉等肉类食品,在屠宰厂进行分割、去骨,冷冻运输和保管。随着人们生活水平的提高,水产品、肉蛋类乃至蔬菜都趋向从产地到消费地的一贯制冷冻、冷藏状态的包装、运输和保管。因此,流通加工必不可少,流通加工的作用也越来越重要。

(5)自行车、助力车流通加工

自行车和助力车整车运输、保管和包装,费用多、难度大、装载率低,但这类产品装配简单,不必进行精密调试和检测,所以,可以将同类部件装箱,批量运输和存放,在商店出售前再组装。这样做可大大提高运载率,有效地衔接批量生产和分散消费。这是一种只改变商品状态,不改变商品功能和性质的流通加工形式。

(6)服装、书籍流通加工

服装流通加工主要指的不是材料的套裁和批量缝制,而是在批发商的仓库或配送中心进行缝商标、拴价签、改换包装等简单的加工作业。近年来,服装的退货量增加,从商场退回来的衣服一般在仓库或配送中心重新分类、整理、改换价签和包装。书籍的流通加工作业主要有装帧、套书壳、拴书签及退书的重新整理、复原等。

(7)酒类流通加工

酒类都是液体,从产地批量地将原液运至消费地配制、装瓶、贴商标,包装后出售,既可以节约运费,又安全保险,能以较低的成本卖出较高的价格,使附加值大幅度增加。

(8)玻璃流通加工

平板玻璃的运输货损率较高,玻璃运输的难度比较大。在消费比较集中的地区建立玻璃流通加工中心,按照用户的需要对平板玻璃进行套裁和开片,可使玻璃的利用率从62%~65%提高到90%以上,大大降低了玻璃破损率,增加了玻璃的附加价值。

(9)煤炭流通加工

煤炭流通加工是指将煤炭在产地磨成煤粉,再用水调成浆状,便可采用管道运输;除去采掘出来的杂煤中的矸石,能增强煤炭的纯度,减少运输能力的浪费;将混在煤炭里的垃圾、木片等杂物彻底拣除,可避免商业索赔的发生;将煤粉加工成取暖用的蜂窝煤供应居民,也是一种流通加工。

(10)牛奶、蔬菜、水果等食品流通加工

牛奶的运输和配送十分复杂。为了提高效率,一般做法是把各个养牛牧场的牛奶集中到牛奶厂,牛奶厂用大型奶罐批量地将牛奶分送到各地牛奶分厂,进行检疫、减菌和均质化,装袋后配送给各商店或家庭。冬季和夏季对牛奶的需求有一定的差别,可是牛奶的产量一年四季基本不变,所以,可将鲜奶做成奶粉和奶酪、奶油保存。此外,为了减少运费,也可对牛奶进行浓缩加工(可将牛奶体积浓缩1/3),这也是一种很有成效的加工方法。

只要我们留意超市里的货柜,便不难明白,那里摆放的各类洗净的蔬菜、水果、肉末、鸡翅、香肠、咸菜等无一不是流通加工的产物。这些商品在被摆进货柜之前,已经由许多人进行了加工作业,包括分类、清洗、贴商标和条形码、包装、装袋等多种作业工序。这些流通加工都不在产地进行,而且已经脱离了生产领域,进入了流通领域。这种加工形式,节约了运输等物流成本,保护了商品质量,增加了商品的附加价值。

4. 流通加工的分类

(1)为弥补生产领域加工不足而进行的流通加工

由于受到各种因素的限制,许多产品在生产领域的加工只能达到一定程度,无法完全实现对产品的最终加工。例如,如果木材在原产地完成成材加工或制成木制品,就会给运输带来极大的困难,所以,在生产领域只能加工到原木、板、方材这个程度,进一步的下料、切裁、处理等加工则由流通企业完成。所以从某种意义上讲,流通加工是生产的延续,是生产加工的深化。

(2) 为满足需求多样化而进行的流通加工

生产部门为了实现高效率、大批量的生产,其产品往往不能完全满足用户的要求。为了满足用户对产品多样化的需要,同时保证高效率的生产,可将生产出来的单一化、标准化的产品进行多样化的改制加工。例如,将木材改制成枕木、板材、方材等加工。

(3) 为方便消费而进行的流通加工

为方便消费而进行的流通加工,即根据下游企业生产的需要将商品加工成生产直接可用的状态。这种加工形式在加工的深度上更接近消费,使消费者感到更加省力、更加方便。例如,将木材制成可直接投入使用的各种型材。

(4) 为保护产品而进行的流通加工

为保护产品而进行的流通加工是指在物流过程中,使产品的使用价值得到妥善的保存,防止产品在装卸搬运、运输储存过程中遭受损失,延长产品在生产、使用期间的寿命而进行的保鲜、冷冻、稳固、改装、涂油等加工方式。例如,水产品、肉、蛋类产品的保鲜、保质的冷冻加工、防腐加工,丝、麻棉织品的防虫、防霉加工,防止金属材料的锈蚀而进行的喷漆、涂防锈油等措施,运用手工、机械火化学方法除锈,水泥的防潮、防湿加工等。

(5) 为促进销售而进行的流通加工

流通加工也可以起到促进销售的作用。例如:将过大包装或散装物进行适合销售的小包装的分装加工;将以保护商品为主的运输包装改换成以促进销售为主的销售包装,以起到吸引消费者、促进销售的作用;将蔬菜、肉类洗净切块以满足消费者的要求等。

(6) 为提高加工效率而进行的流通加工

许多生产企业的初级加工由于数量有限,所以加工效率不高。而流通加工以集中加工的形式,代替若干家生产企业进行初级加工,促使生产水平有一定的提高。

(7) 为提高物流效率、降低物流损失而进行的流通加工

有些商品本身的形态使之难以进行物流操作,而且商品在运输、装卸搬运过程中极易受损,因此需要进行适当的流通加工加以弥补,从而使物流各环节易于操作,提高物流效率,降低物流损失。例如:将造纸用的木材磨成木屑的流通加工,可以极大提高运输工具的装载效率;自行车在消费地区的装配加工可以提高运输效率,降低损失;石油气的液化加工,可使很难输送的气态物转变为容易运送的液态物,也可以提高物流效率。

(8) 为衔接不同方式、使物流更加合理而进行的流通加工

在干线运输和支线运输的节点设置流通加工环节,可以有效地解决大批量、低成本、长距离的干线运输与多品种、小批量、多批次的末端运输和集货运输之间的衔接问题。在流通加工点与大生产企业间形成大批量、定点运输的渠道,以流通加工中心为核心,组织对多个客户的配送,也可以在流通加工点将运输包装转换为销售包装,从而有效地衔接不同目的的运输方式。例如,散装水泥中转仓库将散装水泥装袋,即将大规模散装水泥转化为小规模散装水泥的流通加工,就衔接了水泥厂大批量运输和工地小批量装运的需要。

(9) 为生产-流通一体化而进行的流通加工

依靠生产企业和流通企业的联合,或者生产企业涉足流通,或者生产企业涉足生产,对生产与流通加工进行合理分工、合理规划、合理组织,统筹进行生产与流通加工的安排,称为生产-流通一体化的流通加工形式。这种形式可以促成产品结构的调整,充分发挥企业集团

的经济技术优势。

(10)为实施配送而进行的流通加工

为实施配送进行的流通加工是配送中心为了实现配送活动,满足顾客的需要而对物资进行的加工。例如,混凝土搅拌车可以根据客户的要求,将沙子、水泥、石子、水等的各种不同材料按比例要求装入可旋转的罐中,在配送途中,汽车边行驶边搅拌,到达施工现场后,混凝土已经搅拌均匀,可以直接投入使用。

4.2.2 流通加工合理化

流通加工合理化是要实现流通加工的最优配置,不仅要做到避免各种不合理现象出现,使流通加工有存在的价值,而且要做到综合考虑加工和配送、运输及商流等的有机结合,使其达到最优。

1. 不合理流通加工的表现形式

(1)流通加工地点设置不合理

流通加工地点设置是影响整个流通加工能否有效的重要因素。一般来讲,为了衔接单品种、大批量生产与多样化需求的流通加工,加工地点应该设置在需求地区,才能发挥大批量的干线运输与多品种末端配送的物流优势。如果将流通加工地点设置在生产地区,其不合理之处有两个方面:一方面,为了满足用户多样化的需求,会出现多品种、小批量的产品由生产地向需求地的长距离运输;另一方面,在生产地增加了一个加工环节,也会增加近距离运输、保管、装卸等一系列物流活动。因此,在这种情况下,不如由原生产单位完成这种加工,而无须设置专门的流通加工环节。

一般而言,为方便物流的流通,加工应设置在产出地,即设置在产品进入社会物流之前。若加工设置在物流之后,即设置在消费地,则不但不能解决物流问题,又在流通中增加了一个中转环节,因而是不合理的。即使在产地或者需求地设置流通加工的选择是正确的,还存在流通加工在小地域范围内的正确选址问题,如果处理不当,仍然会出现不合理。这种不合理主要表现在交通不便、流通加工与生产企业或客户之间距离较远、流通加工地点的投资过高(主要受选址的地价影响)、加工点周围的社会和环境条件不良等。

(2)流通加工方式选择不当

流通加工方式应该包括流通加工对象、流通加工工艺、流通加工技术和流通加工程度等。流通加工方式的确定实际上是与生产加工的合理分工密切相关的。本来应该由生产加工完成的作业,却错误地交给流通加工来完成,或者本来应该由流通加工完成的作业,却错误地交给生产过程去完成,这样都会造成不合理。

流通加工不是对生产加工的替代,而是一种补充和完善。因此,一般而言,如果工艺复杂、技术装备要求较高,或加工可以由生产过程延续或能轻易解决的都不宜设置流通加工环节。如果流通加工方式选择不当,就可能出现与生产夺利的恶果。

(3)流通加工作用不大,形成多余环节

有的流通加工过于简单,或对生产和消费者的作用都不大,盲目的加工不但不能解决品种、规格、质量和包装等问题,相反增加了环节,这也是流通加工不合理的重要形式。

(4)流通加工成本过高,效益不好

流通加工之所以有生命力,重要优势之一是有较大的产出投入比,因而起着有效的补充完善作用。若流通加工的成本过高,则不能实现以较低投入实现更高使用价值的目的。除了一些必需的、政策要求的即使亏损也应进行的加工外,都应看作不合理的流通加工。

2.流通加工合理化应考虑的因素

实现流通加工合理化主要考虑以下几个方面。

(1)流通加工与配送结合

把流通加工设置在配送点,一方面可按配送的需要进行加工,另一方面加工又是配送业务流程中分货、拣货及配货的环节之一,加工以后的产品可以直接投入配货作业。这就无须单独设置一个加工的中间环节,使得流通加工有别于独立的生产,而使流通加工与中转流通巧妙地结合在一起。同时,配送之前进行了加工,也使得配送服务水平大大提高。这是流通加工合理化的重要形式,在煤炭、水泥等产品的流通中已表现出较大的优势。

(2)流通加工与配套结合

在对配套要求较高的流通中,配套的主体来自各个生产单位,完全配套有时无法全部依靠现有的生产单位。如果进行适当的流通加工,可以有效地促成配套,从而更好地发挥流通作为"桥梁与纽带"的功能。

(3)流通加工与合理商流结合

通过流通加工可有效地促进销售,实现商流的合理化,这也是流通加工合理化的考虑方向之一。加工和配送相结合,通过加工,提高了配送水平,强化了销售,是流通加工和合理商流的成功例证。此外,通过简单地改变包装加工,以方便顾客购买,通过组装加工解除用户使用前进行组装、调试的难处,都是有效促进商流的很好例证。

(4)流通加工与运输结合

流通加工能有效地衔接干线运输与支线运输,促进这两种运输的合理化。在支线运输转干线运输,或者干线运输转支线运输的环节中,过去必须停顿,而现在利用流通加工,可以不必将支线转干线或干线转支线,而是按干线或支线运输合理的要求进行适当的流通加工,从而大大提高运输及运输转载的水平。

(5)流通加工与节约结合

节约能源、设备、人力,减少损耗是流通加工合理化重要的考虑因素。对于流通加工的最终判断,是要看其是否能实现社会和企业自身的两个效益,而且是否取得了两者的最优效益。流通企业更应树立社会效益第一的观念。如果流通企业进行不适当的加工或者为追求企业的微观效益与生产企业争利,这就违背了流通加工的初衷,或者其本身已不属于流通加工的范畴。

▶ 小组模拟训练

1.流通加工概念实训

(1)训练目标

灵活地运用所学知识,解决实际问题。

(2)岗位角色

将全班学生分组,每组5~8人。

(3)训练内容

解答本节"案例导入"提出的问题。

(4)训练步骤

1)通过多种途径搜集资料。

2)各小组讨论。

3)各小组完成作业,并制作PPT课件。

4)各小组进行作品展示。

5)教师点评,并为各小组评分。

(5)注意事项

1)查询的相关资料要准确。

2)小组成员之间要相互配合,充分发挥团队精神。

3)各小组根据查阅的资料和调查的结果,以PPT的形式完成作业。

4)遵守纪律,听从指挥,表现出良好的综合素质。

5)锻炼学生的动手能力、分析能力,培养团队合作精神,体现职业教育特征。

(6)考核标准

考核评分表如表4-4所示。

表4-4 考核评分表

考评人		被考评人	
考评地点		考核时间	
考评内容	流通加工概念实训		
考评标准	具体内容	分值	实际得分
	案例分析透彻与否	30	
	讨论结果的可行性	20	
	PPT制作是否精美	15	
	作业的讲解效果	20	
	问题的回答情况	15	
	合计	100	

2.流通加工操作实训

(1)训练目标

掌握处理加工订单的方法,能进行加工作业的操作。

(2)岗位角色

将全班学生分组,每组5~8人。

(3)训练内容

加工订单并进行流通加工作业。

(4)训练步骤

1)流通加工任务生成。信息员在仓储管理系统中按流通加工任务单的要求,生成流通加工订单。

2)流通加工作业启动。利用RF手持终端下载流通加工作业任务并启动。

3)流通加工下架。利用 RF 手持终端下载流通加工下架任务,取空周转箱和手推车至小件存放区,扫描货位条码和货品条形码,将货品从相应货位取出放至周转箱,利用手推车搬运至加工作业区。

4)流通加工操作。利用 RF 手持终端下载流通加工操作指令;到加工作业区,按要求取货品和包装材料,进行加工操作;扫描加工后的货品条形码确认完成该加工操作。

5)流通加工上架。利用手持终端下载流通加工上架任务,取空周转箱和手推车至加工作业区,扫描加工完成的货品条形码,获得目标货位后,将货品搬运至小件存放区并放入指定货位,扫描货位条形码确认上架任务。

6)流通加工完成确认。利用 RF 手持终端确认完成流通加工作业。

7)教师点评,并为各小组评分。

(5)注意事项

1)准备 WMS(warehouse management system,仓库管理系统)、RF 手持终端、货品等。

2)小组成员之间要相互配合,充分发挥团队精神。

3)注意安全,遵守纪律,听从指挥,表现出良好的综合素质。

(6)考核标准

考核评分表如表 4-5 所示。

表 4-5 考核评分表

考评人		被考评人	
考评地点		考核时间	
考评内容	流通加工操作实训		
考评标准	具体内容	分值	实际得分
	加工订单的处理情况	20	
	加工任务的完成情况	40	
	是否安全无事故	20	
	是否团结协作	20	
	合计	100	

本 章 小 结

本章第 1 节主要介绍了包装材料、包装机械设备、包装技术、包装合理化,以及流通加工的概念、内容、分类、不合理形式及其合理化的措施。包装不仅可以达到使商品美观、便于销售的目的,而且可以提高商品的附加价值。对于物流活动,包装更能实现保护商品、方便运输和存储等功能。根据不同的商品、客户的不同要求,需采用不同的包装机械和包装技术对商品进行有效包装,并尽量降低包装成本。随着人们环保意识的日益增强,绿色包装已成为包装业的一个发展趋势。第 2 节通过对流通加工的概念、内容和作用的讲解,使学生对流通加工有较明确的认识:流通加工不仅能创造物流活动的附加价值,而且更加体现了物流企业的差别化服务。流通加工与配送、运输等的有机结合使整个物流活动更加畅通,可创造出更高的经济效益。

第 5 章
配送与配送中心规划

配送在物流活动中具有重要的地位和作用,基本涵盖物流的所有功能要素。而配送中心作为一种末端物流的终点设施,通过有序地组织配货和送货,使资源的终端配置得以完成。配送中心是现代电子商务活动中开展配送活动的物质技术基础。

5.1 配送概述

▶ **学习目标**

知识目标：掌握配送的含义、特点，了解配送的发展方向，掌握配送作业流程。
技能目标：掌握配送的基本作业流程。
素质目标：锻炼动手能力、分析能力，并培养团队合作精神。

▶ **案例导入**

1. 沃尔玛公司诞生于1945年的美国。在创立之初，由于其地处偏僻小镇，没有分销商愿意为它送货，于是它不得不自己向制造商订货，然后联系货车送货，效率非常低。在这种情况下，沃尔玛公司的创始人山姆·沃尔顿决定建立自己的配送组织。1970年，沃尔玛公司的第一家配送中心在美国阿肯色州的一个小城市——本顿维尔建立，这个配送中心给4个州的32个商场供货，集中处理公司所销商品的40%。沃尔玛公司配送中心的运作流程是供应商将商品的价格标签和商品统一代码（universal product code，UPC）贴好，运到沃尔玛公司的配送中心，而配送中心根据每个商店的需要，对商品进行就地筛选，重新打包操作，并从"配区"运到"送区"。在配送中心，货物被成箱地送到由激光制导的传送带上。在传送过程中，激光扫描货箱上的条形码，将货物送到正确的卡车上，配送的准确率超过99%。因为拥有世界上效率最高的物流配送系统，沃尔玛公司才能够强于其他竞争对手，稳居世界零售业之首，也成为沃尔玛公司倡导的"天天平价"卖点的最有力支持。沃尔玛公司的理念就是"以最佳服务，最低的成本，提供最高质量的服务"。

问题：完善的物流配送体系对沃尔玛公司的成功起了怎样的作用？沃尔玛公司的成功给了你哪些启示？

2. 全球大型连锁便利店7-11通过其集中化的物流管理系统成功地削减了相当于商品原价的10%的物流费用。它的业务遍及四大洲的20多个国家和地区。7-11真正迈出构筑物流体系的第一步是在1976年9月，它正式与批发商及合作生产商开展集约化的配送和进货，即由各地某一特定批发商来统一收集该地区各生产厂家的同类产品并向所辖区域内的店铺实行集中配送，从而缩短了配送距离和配送时间，大大降低了运输费用。但是，随着物流量、物流品种的扩大和7-11店铺经营规模的发展，物流路径的集约化还不能完全符合便利店彻底降低物流费用的要求。

问题：如果你是7-11便利店的领导人，你将如何解决企业面临的困难？

配送的产生与发展是社会化大生产发展的需要。它是连接物流系统和消费者的纽带和桥梁，是物流中一种特殊的、综合的活动形式，是商流与物流的紧密配合。配送的主要经济活动是现代"配"和"送"的有机结合体，通过现代化作业方法和手段，进行有效的分拣、配货等理货工作，同时利用现代化信息系统和信息作业，使送货达到一定的规模，以利用规模优势取得较低的送货成本。

5.1.1 配送的含义

配送是指对局域范围内的客户进行多客户、多品种、按时联合送货的活动。我国国家标准《物流术语》(GB/T 18354—2021)对配送的定义是"根据客户要求,对物品进行分类、拣选、集货、包装、组配等作业,并按时送达指定地点的物流活动"。

▶ **知识链接**

据有关资料介绍,美国"20世纪财团"曾组织过一次调查,提供了如下数据:以商品零售价格为基数进行计算,流通费用所占用的比例达59%,其中大部分为物流费用,并因此得出结论——在商品成本中,流通成本所占份额较大。

合理的配送能够提高物流的经济效益,可使企业实现低库存或零库存,简化手续,方便客户,提高供应保证程度,完善输送过程并消除交叉运输。

5.1.2 配送的特点

1. 配送不同于一般送货

配送是从发送、送货等业务活动中发展而来的,它是根据客户订货要求的时间计划,在物流节点(仓库、商店、货运站、物流中心等)进行分拣、加工和配货等作业后,将配好的货物送交收货人的过程,因此它不同于一般意义上的企业送货工作。配送的实质是送货,但和一般送货有区别,如表5-1所示。

表5-1 配送与一般送货的区别

项目	配送	一般送货
目的	是社会化大生产、专业化分工的产物,是物流领域内物流专业化分工的反映,是提升企业竞争力的重要手段,是物流社会的必然趋势	只是企业的一种推销手段,通过送货上门服务达到提高销售量的目的
内容	根据客户的需求将所需物品进行分类、配组、分装、货物整理等工作	客户仅需要送货,没有分类、配组等理货工作
组织管理	是流通企业的专职,要求有现代化的技术装备作为保证,要有完善的信息系统,有将分货、配货、送货等活动有机结合起来的配送中心	由生产企业承担,中转仓库的送货只是一项附带业务
基础设施	必须有完善的现代的交通运输网络和管理水平作为基础,还要和订货系统紧密联系,依赖现代信息技术的作用,建立配送系统	没有具体要求
时间要求	送货时间准确,计划性强	时间不一定准确,计划性相对较差
工作效率	充分利用运力,考虑车辆的货物配载;重视运输路线优化,强调距离最短,并一辆货车向多处运送	不考虑车辆配载,不科学地制订运输规划,货车一次向一地运送
技术装备	全过程有现代化物流技术和装备的保证,在规模、水平、效率、速度、质量等方面占优势	技术装备简单
行为性质	是面向特定用户的增值服务	是企业销售活动中的短期促销行为,是偶然行为

2. 配送是短距离的末端运输

货物运输分为干线部分的运输和支线部分的配送。从工厂仓库到配送中心之间的批量货物的空间位移称为运输,从配送中心到最终用户之间的多品种、小批量货物的空间位移称为配送。配送承担的是支线的、末端的运输,是面对客户的一种短距离的送达服务。配送不是单纯的运输或输送,而是运输与其他活动共同构成的组合体。配送所包含的那部分运输,在整个运送过程中处于"二次运输""支线运输""终端运输"的位置。配送与运输的区别如表5-2所示。

表 5-2 配送与运输的区别

内容	配送	运输
运输性质	支线运输、区域内运输、末端运输	干线运输
货物性质	多品种、小批量	少品种、大批量
运输工具	小型货车	大型货车、铁路运输或水路运输
管理重点	服务优先	效率优先
附属功能	装卸、保管、包装、分拣、流通加工、订单处理等	装卸、捆包

3. 配送强调时效性

配送不只是简单的"配货"加上"送货",它更加强调在特定的时间、地点完成交付活动,充分体现时效性。

4. 配送强调满足用户需求

配送从用户的利益出发,按用户的要求为用户服务。因此,在观念上必须明确"用户至上"和"质量为本"原则。配送企业在与用户的关系中处于服务地位,而不是主导地位。因此,要在满足用户利益的基础上取得本企业的利益。

5. 配送强调合理化

对于配送而言,应当在时间、速度、服务水平、成本、数量等方面寻求最优,过分强调"按用户要求"是不妥的。用户的要求有时存在不合理性,在这种情况下仍按用户要求会损失单方或双方的利益。

6. 配送使企业实现"零库存"成为可能

企业为保证生产持续进行,依靠库存(经常库存和安全库存)向企业内部的各生产单位供应物品。如果社会供应系统既能承担生产企业的外部供应业务,又能实现上述的内部物资供应,那么企业的"零库存"将成为可能,理想的配送恰恰具有这种功能。由配送企业进行集中库存,取代原来分散在各个企业的库存,是配送的最高标准,这一点在物流发达国家和我国一些地区的实践中得到证明。

5.1.3 配送的发展方向

在信息化时代,随着网络技术、电子商务、交通运输和管理的现代化,现代物流配送也将实现物流管理系统的现代化,配送各环节作业实现自动化、智能化。

1. 配送集约化、共同化

配送集约化、共同化突破了单个企业的个别化配送模式,因而出现了整个产业或整个行业的组团式配送活动或配送企业。这有利于克服不同企业之间的重复配送或交错配送,提高车辆使用效益,减少城市交通拥挤,带来良好的社会效益和经济效益。

▶ 知识链接

配送的发展经历了三个阶段:20世纪60年代初期,为萌芽阶段;20世纪60年代中期至80年代,为发育阶段;20世纪80年代中期,为成熟阶段。

2. 配送区域化

配送区域化趋势突破了一个城市的范围,发展为区间、省间,甚至是跨国、跨洲的更大范围的配送,即配送范围向周边地区、全国乃至全世界辐射。配送区域化趋势将进一步带动国际物流,使配送业务向国际化方向发展。

3. 配送产地直送化

配送产地直送化将有效地缩短流通渠道,优化物流过程,并大幅度降低物流成本。特别是对于批量大、需要量稳定的货物,产地直送的优势将更加明显。

4. 配送信息化

配送信息化是指直接利用计算机网络技术重新构筑配送系统。例如,建立电子数据交换(electronic date interchange,EDI)系统,快速、准确、高效地传递、加工和处理大量的配送信息;利用计算机技术,建立计算机辅助进货系统、辅助配货系统、辅助分拣系统、辅助调度系统和辅助选址系统等。信息化是其他先进物流技术在配送领域应用的基础。

5. 配送自动化、机械化

配送自动化、机械化突破了体力劳动和手工劳动的传统模式,出现了大量自动化程度相当高的无人立体仓库。该仓库采用了如自动装卸机、自动分拣机、无人取货系统和搬运系统等自动化物流设施,为实现高效、快速、优质的配送服务提供了技术基础。

6. 配送条码化、数字化及组合化

为适应配送信息化和自动化的要求,条码技术在配送作业中得到了广泛应用。将所有的配送货物贴上标准条码,同时尽可能归并为易于自动机械装卸的组合化货物单元,这样可以使分拣、配货的速度大幅度地提高。

7. 多种配送方式和手段组合最优化

多种配送方式和手段组合最优化,将有效地解决配送过程、配送对象、配送手段的复杂化问题,从而获得配送的最大利益和最高效率。小批量快速配送、准时配送、分包配送、托盘配送、分销配送、柔性配送、往复式配送、巡回服务式配送、按日(时)配送、定时定路线配送、厂门到家门的配送、产地直送等配送方式正随着现代物流业的发展在实践中不断优化。

5.1.4 配送基本作业流程

由于货物性质不同、配送形式不同，所以配送业务流程也不同。随着经济的发展，消费需求日趋多样化、个性化，多品种、小批量、多批次配送越来越多，因此将这种形式的配送活动作业流程确定为基本的作业流程。配送基本作业流程如图 5-1 所示。

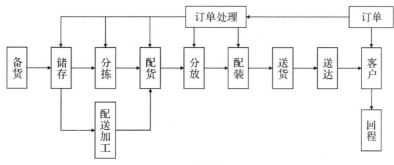

图 5-1 配送基本作业流程

1. 备货

备货是指准备货物的系列活动。它是配送的基础环节，是配送业务成功与否的关键。配送的优势是可以集中不同用户的实际需求进行一定规模的备货，因此进货批量扩大，商品交易价格降低，同时，进货运输装卸成本费用分摊，减少备货费用，取得集中备货的规模优势。如果备货成本太高，将会大大降低配送的效益，配送的功能也会大打折扣。

2. 储存

储存货物是购货、进货的延续，不管是工商企业配送，还是物流企业配送，一般采取集中储存的形式，其主要目的是集分散库存于一体，这样既保证了用户绝对或相对实现"零库存"，又可以降低配送企业商品的整体库存水平，减少库存商品占压的流动资金及这部分占压资金所支付的利息和费用，并降低商品滞销压库的风险，从而提升配送服务企业的经济效益。另外，在货物配送的储存环节也应做好相应的库存管理工作。

3. 订单处理

订单处理是指配送企业从接受用户订货或配送要求开始到货物发运交给客户为止，整个配送作业过程中的有关订单信息的工作处理，其中包括接受用户订货或配送要求，审查订货单证，核对库存情况，下达货物分拣、配组、输送指令，填制发货单证，登记账簿，回应或通知用户，办理结算，退货处理等一系列与订单密切相关的工作活动。

4. 分拣及配货

分拣及配货是配送不同于其他物流特点的功能要素，也是配送成功的一项重要的支持性工作，是完善送货、支持送货的准备性工作，是不同配送企业在送货时进行竞争和提高自身经济效益的必然延伸，是决定整体配送系统水平的关键要素。

5. 配装

在单个用户配送数量不能达到车辆的有效载运负荷时,就需要集中不同用户的配送货物进行搭配装载以充分利用运能和运力。配装可以大大提高送货水平,降低送货成本。因此,配装是配送系统中具有现代特点的功能要素,也是现代配送不同于以往送货的重要区别。

6. 送货

送货,即配送运输,它与干线运输有很大区别,配送运输多为距离较短、规模较小、频度较高的运输,干线运输多为长距离运输。由于配送用户多,一般城市交通路线又较复杂,如何组合成最佳路线,如何根据客户要求的运送方向和地点使车辆配装与运输路线进行有效搭配等,是配送运输中难度较大的工作。配送运输管理的重点是合理做好配送车辆的调度计划。

7. 送达

配好的货物运输到用户还不算配送工作的完结,因为货物送达后还会出现用户认为所送的货物与要求的存在差异等问题,这样会使配送工作失败。因此,要圆满地完成运送货物的移交工作,有效、方便地处理相关手续并完成结算,必须提高配送管理水平,严格执行订单的有关要求。同时,还应合理安排卸货地点、卸货方式等送达服务工作。强调配送业务的送达服务是非常必要的,这也是配送与运输的主要区别之一。

8. 配送加工

在配送过程中,根据用户要求或配送货物的特点,有时需要在未配货之前先对货物进行加工,如钢材剪切、木材截锯等,虽然配送加工这一功能要素不具有普遍性,但在特殊情况下具有重要的作用。因为通过配送加工,可以大大提高用户的满意程度。

9. 回程

执行完配送任务的车辆在返回时,往往会空驶,这是影响配送效益、增加配送成本的主要因素之一。为提高配送效率及效益,配送企业在规划配送路线时,应当尽量缩短回程路线,同时回程车可将包装物、废弃物、试次品运回集中处理,或将用户的产品运回配送中心,作为配送中心的配送货源,也可以在配送服务对象所在地设立返程货物联络点,顺路带回货物,提高车辆利用率。

▶ 小组模拟训练

(1)训练目标

灵活地运用所学知识,解决实际问题。

(2)岗位角色

将全班学生分组,每组5~8人。

(3)训练内容

解答本节"案例导入"提出的问题。

(4)训练步骤

1)通过多种途径搜集资料。

2)各小组讨论,分析"案例导入"1和2。

3)各小组制作PPT课件。

4)进行作品展示。

5)教师点评,并为各小组评分。

(5)注意事项

1)查询相关资料要准确。

2)小组成员之间要相互配合,充分发挥团队精神。

3)遵守纪律,听从指挥,表现出良好的综合素质。

(6)考核标准

考核评分表如表5-3所示。

表5-3 考核评分表

考评人		被考评人	
考评地点		考核时间	
考评内容		配送概述实训	
考评标准	具体内容	分值	实际得分
	任务分析透彻与否	30	
	讨论结果的可行性	20	
	PPT制作是否精美	15	
	作业的讲解效果	20	
	问题的回答情况	15	
	合计	100	

5.2 配 送 中 心

▶学习目标

知识目标:理解配送中心的概念、功能,掌握配送中心的类型和配送中心内部工作区域的划分。

技能目标:能正确区分配送中心的类型,能正确划分配送中心的内部工作区域。

素质目标:培养诚实守信、吃苦耐劳的品质,具有团队合作精神。

▶案例导入

北京双鹤药业股份有限公司的物流配送中心位于北京东郊,规模宏大,技术先进。该配送中心占地超过10 000 m²,分为两层楼,是集进、储、配、送为一体的多功能自动化配送中心。该中心包括1套自动化立体仓库(AS/RS),7个巷道共14排货架,存储数量达11 242

个货位;1套小件存储货架系统,为阁楼式货架,货位数为9 480个;冷冻、冷藏等普通货架;7套以激光测距和总线控制为代表的新型快速堆垛机;2套入库输送机系统和出库输送机系统,1套包括辊道机、皮带机、分拣设备及条码识别系统的物流自动化分拣系统;1套集中驱动物流配送系统有序高效运转的集成化物流管理系统,该系统包括信息管理、任务调度、设备监控、动画仿真等基本功能,是构成配送系统和实现配送功能的核心指挥系统。

问题:

1)北京双鹤药业股份有限公司的物流配送中心属于哪种类型的配送中心,具有哪些功能,建有哪些设施设备?

2)画出你所在学校的实训中心或当地配送中心的内部工作区域图。

5.2.1 配送中心的概念

配送中心是从事货物配送业务且具有完善信息网络的场所或组织,应基本符合下列要求。

1)主要为特定的用户服务。
2)配送功能健全。
3)辐射范围小。
4)多品种、小批量、多批次、短周期。
5)主要为末端客户提供配送服务。

5.2.2 配送中心的功能

配送中心是集加工、理货、送货等多种职能于一体的物流节点,一般根据需要向用户提供增值服务,如流通加工、信息的搜集与反馈等。配送中心的主要功能如下。

1. 存储功能

为了顺利有序地完成向用户配送商品(或货物)的任务,更好地发挥保障生产和消费需要的作用,通常,配送中心建有现代化的仓储设施,如仓库、堆场等,并存储一定量的商品,形成对配送的资源保证。某些区域性大型配送中心和开展"代理交货"配送业务的配送中心,不但要在配送货物的过程中存储货物,而且所存储的货物数量更大、品种更多。例如,中海北方物流有限公司分公司占地$100\ 000\ m^2$,并配备了国内一流仓储设备的现代化物流配送仓库。

2. 分拣功能

作为物流节点的配送中心,其客户是为数众多的企业或零售商,这些客户在经营性质、产业性质、经营规模和经营管理水平上存在着很大的差别。面对这样一个复杂的用户群,为满足不同用户的不同需求,有效地组织配送活动,配送中心必须采取适当的方式对组织来的货物进行分拣,然后按照配送计划组织配货和分装。强大的分拣功能是配送中心实现按客户要求组织送货的基础,也是配送中心发挥其分拣中心作用的保证,是配送中心的重要功能之一。

3. 集散功能

在一个大的物流系统中,配送中心凭借其特殊的地位,拥有的各种先进设备及完善的物流管理信息系统,能够实现将分散的各个生产企业的产品集中在一起,通过分拣、配货、配装等环节向多家用户进行发送。同时,配送中心也可以把各个用户所需要的多种货物有效地组合或配装在一起,来实现高效率、低成本的商品流通。另外,配送中心在建设选址时也充分考虑了其集散功能,一般选择商品流通发达、交通较为便利的中心城市或地区,以便充分发挥配送中心作为货物或商品集散地的功能。

4. 衔接功能

通过开展货物配送活动,配送中心能把各种生产资料和生活资料直接送到用户手中,可以起到连接生产和消费的作用。通过发货和储存,配送中心又起到了调节市场需求、平衡供求关系的作用。可以说,现代化的配送中心通过储存和发散货物,体现出其衔接生产与消费、供应与需求的功能,使供需双方实现了无缝连接。

5. 配送加工功能

配送加工虽然不具有普遍性,但往往是有着重要作用的功能要素,主要是因为通过配送加工,可以大大提高客户的满意程度。国内外许多配送中心很重视提升自己的配送加工能力,按照客户的要求开展配送加工使配送的效率和满意程度提高。配送加工有别于一般的流通加工,它一般取决于客户的要求,销售型配送中心有时也根据市场需求来进行简单的配送加工。

6. 信息处理功能

配送中心连接着物流干线和配送,它直接面对产品的供需双方,不仅连接实物,更重要的是传递和处理信息,包括配送中心的信息生成和交换。

5.2.3 配送中心的分类

配送中心是一种新兴的经营管理形态,具有满足多样的市场需求及降低流通成本的作用。根据功能、构成和运营方式不同,配送中心也有不同的类别及其各自特点。配送中心的具体分类方式如下。

1. 按设立者分类

(1) 制造商配送中心

制造商配送中心是以制造商为主体的配送中心。这种配送中心里的物品全部是由制造商自己生产制造的,用以降低流通费用、提高售后服务质量和及时地将预先配齐的成组元器件运送到规定的加工和装配地点。这种配送中心从物品制造到生产出来后条形码和包装的配合等多方面都比较容易控制,所以按照现代化、自动化的配送中心设计比较容易,但它不满足社会化的要求。

(2) 批发商配送中心

批发商配送中心是由批发商或代理商建立的,是以批发商为主体的配送中心。批发是物品从制造者转移到消费者手中的传统流通环节之一,一般按部门或物品类别的不同,把每个制造商的物品集中起来,然后以单一品种或多品种搭配起来的形式向消费地的零售商配送。这种配送中心的物品来自多个制造商,它所进行的一项重要活动是对物品进行汇总和再销售,而它的全部进货和出货都由社会配送,社会化程度高。

(3)零售商配送中心

零售商配送中心是由零售商组建的配送中心,是以零售业为主体的配送中心。零售商发展到一定规模后,就可以考虑建立自己的配送中心,为专业化物品零售店、超级市场、百货商店、建材市场、粮油食品商店、宾馆饭店等服务,其社会化程度介于前两者之间。

(4)专业物流配送中心

专业物流配送中心是以第三方物流企业(包括传统的仓储企业和运输企业)为主体的配送中心。这种配送中心有很强的运输配送能力,地理位置优越,可迅速地将到达的货物配送给用户。它为制造商或供应商提供物流服务,而配送中心的货物仍属于制造商或供应商所有,配送中心只是提供仓储管理和运输配送服务。这种配送中心的现代化程度往往较高。

2.按服务范围分类

(1)城市配送中心

城市配送中心是以城市为配送范围的配送中心,由于城市范围一般处于汽车运输的经济里程,这种配送中心可直接配送到最终用户,且采用汽车进行配送。所以,这种配送中心往往和零售经营相结合,由于运距短、反应能力强,从事多品种、小批量、多用户的配送比较有优势。

(2)区域配送中心

区域配送中心是以较强的辐射能力和库存准备,向省(州)际、全国乃至国际范围的用户提供配送服务的配送中心。一般而言,这种配送中心的配送规模较大,配送批量也较大,而且,往往是给下一级的城市进行配送,也配送给营业所、商店、批发商和企业用户。区域配送中心虽然也从事零星的配送业务,但这不是其主体形式。

3.按功能分类

(1)储存型配送中心

储存型配送中心有很强的储存功能。例如,美国赫马克配送中心的储存区可储存16.3万托盘货物。我国建设的配送中心多为储存型配送中心,库存量较大。

(2)流通型配送中心

流通型配送中心包括通过型配送中心和转运型配送中心。该类配送中心基本上没有长期储存的功能,仅以暂存或随进随出的方式进行配货和送货,其典型的配送方式为大量货物整批进入,按一定批量零出。一般采用大型分货机,进货时直接将货物放入分货机传送带,分送到各用户货位或直接分送到配送汽车上。

(3)加工型配送中心

加工型配送中心是以流通加工为主要业务的配送中心,如食品加工配送中心、生产资料加工配送中心等。

4. 按配送货物的属性分类

根据配送货物的属性,可将配送中心分为食品配送中心、日用品配送中心、医药品配送中心、化妆品配送中心、家电配送中心、电子产品配送中心、书籍产品配送中心、服饰产品配送中心、汽车零件配送中心及生鲜品配送中心等。

由于配送的货物不同,配送中心的规划方向也完全不同。例如,生鲜品配送中心主要处理的物品为蔬菜、水果、肉类和水产品等生鲜产品,属于低温型的配送中心,一般由冷冻库、冷藏库、鱼虾包装处理场、肉品包装处理场、蔬菜包装处理场及进出货暂存区等组成,冷冻库的温度一般为-25℃,冷藏库为0~5℃。书籍有新版、再版及补书之分,尤其是新出版的书籍或杂志,其中80%左右不上架,直接理货配送到各书店,剩下的20%左右存在配送中心等待客户的再订货;另外,书籍或杂志的退货率非常高,占总数的3~4成。因此,在规划书籍产品配送中心时,与食品和日用品配送中心的要求就一样。因服饰产品有淡旺季及流行性等特性,而且,较高级的服饰必须使用衣架悬挂,服务产品配送中心的规划有其特殊性。

对于不同种类与行业形态的配送中心,其作业内容、设备类型、营运范围可能完全不同,但是就系统规划分析的方法与步骤而言,又有共通之处。配送中心的发展已逐渐由以仓库为主体的配送中心向信息化、自动化的整合型配送中心发展。

5. 按作业的自动化、信息化程度分类

根据配送中心作业的自动化、信息化程度不同,可将配送中心分为人力配送中心、计算机管理配送中心、自动化信息化配送中心和智能化配送中心。

5.2.4 配送中心的内部工作区域

配送中心是由流通型仓库演变和发展而来的,但它的内部结构和布局与一般的仓库有较大的不同。通常,配送中心的内部工作区域由以下几个部分组成。

1. 接货区

在接货区中完成接货及入库前的工作,如接货、卸货、验货及分类入库的准备等。接货区的设施主要有进货铁路或公路、卸货站台和暂存区。

2. 储存区

在储存区中储存或分类储存所进的货物。由于它是一个静态区域,进货要在这个区域中有一定的存放时间,所以和不断进出的接货区相比,该区域的面积较大,往往占总面积的一半以上。

3. 拣货/配货区

在拣货/配货区中进行分货、拣货、配货作业,为送货做准备。这个区域的面积随配送中心的不同而有较大的变化。例如,多用户的多品种、小批量、多批次配送的配送中心需进行复杂的物流作业,所以,该区域占配送中心的很大一部分面积。拣货区是按照用户的需要,将配好的货物暂时存放等待外运,或根据每个用户订货数量决定配车方式和配装方式,然后直接将其搬运到发货站台装车。拣货/配货区对货物起暂时保管的作用,时间短、周转快,相对而言所占面积不大。

4.发货待运区

在发货待运区将根据客户需求配好的货物,装入外运车辆发货。发货待运区结构和拣货区类似,有站台、停车道路等设施。

5.流通加工区

在流通加工区往往进行分装、包装、贴标签等各种类型的加工增值活动。

6.管理指挥区

管理指挥区可集中在配送中心的某一位置,有时也可以分散设置在其他区域中。它是营业事务处理场所、内部指挥管理场所和信息处理场所。

图5-2为日本某区域的配送中心的内部布置。

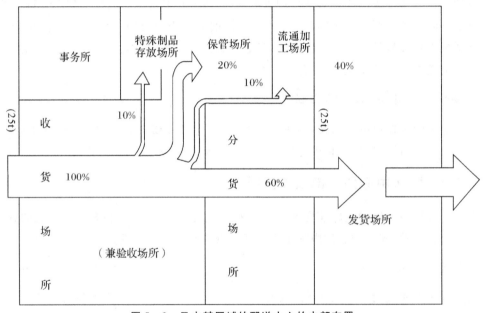

图5-2 日本某区域的配送中心的内部布置

▶ 小组模拟训练

(1)训练目标

灵活地运用所学知识,解决实际问题,能正确绘制配送中心的内部区位图。

(2)岗位角色

将全班学生分组,每组5~8人。

(3)训练内容

解答本节"案例导入"提出的问题。

(4)训练步骤

1)各小组正确分析案例。

2)通过多种途径搜集资料。

3)各小组回答问题并绘制本校实训中心的内部区位图。
4)以小组为单位完成作业,并制作 PPT 课件。
5)利用课堂时间分小组进行作品展示。
6)教师点评,并为各小组评分。
(5)注意事项
1)小组成员要相互配合,充分发挥团队精神。
2)遵守纪律,听从指挥,表现出良好的综合素质。
(6)考核标准
考核评分表如表 5-2 所示。

表 5-2 考核评分表

考评人		被考评人	
考评地点		考核时间	
考评内容	配送中心分类和内部工作区域实训		
考评标准	具体内容	分值	实际得分
	案例分析透彻与否	25	
	内部工作区域图是否准确	25	
	PPT 制作是否精美	15	
	作业的讲解效果	20	
	问题的回答情况	15	
	合计	100	

5.3 配送中心规划

▶学习目标

知识目标:掌握配送中心设立时机、类型、区位、规模及设施的选择。
技能目标:能正确选择配送中心的设立时机、类型、规模及设施,能正确划分区位。
素质目标:培养诚实守信、吃苦耐劳的品质,具有团队合作精神和责任意识。

▶案例导入

1.海尔集团在物流管理上实行"零库存"模式。在海尔集团,仓库不再是存储物资的"水库",而是一条流动的"河",河中流动的是按单采购的生产必需的物资,即从根本上消除滞留物资、消灭库存,使采购、配送和物流流程实现同步,从而保证资金和生产优质循环。为此,海尔集团更加重视配送中心的合理布局。山西侯马开发区区长长期关注大企业的发展,当了解到海尔集团的这一发展意向后,及时与其联系,将自身所具有的交通区位优势及优惠政策、优质服务等反馈给海尔集团。

问题:海尔集团在太原已经建有配送中心,是否还应在侯马开发区建立配送中心(太原与侯马两地相距超过 300 km)？为什么？

2. 美国批发零售商沃尔玛公司考虑到美国西海岸尤其南加利福尼亚州港口频频发生港口码头及内地交通枢纽拥塞状况，货物经常在转运途中被耽搁，造成成本提高，于是在美国最南部海湾地区得克萨斯州的休斯敦，设立了建筑面积为 400 万平方英尺(1 平方英尺 $ft^2 \approx 0.093 \ m^2$)的配送中心、仓库和堆场等设施，通过巴拿马运河或苏伊士运河全水运贸易航线，直接把集装箱货物运送到休斯敦港口配送中心，把休斯敦港变成了沃尔玛进口货物分销到北美各地的主要口岸。

问题：为什么沃尔玛公司在得克萨斯州的休斯敦设立配送中心、仓库和堆场？

本节以连锁企业为例，介绍配送中心总体规划的内容。

5.3.1 配送中心时机的选择

配送中心是连锁零售企业整个配送网络的中枢，是零售企业实现供应链管理的重要设施之一。连锁企业只有通过配送中心、营销系统、物流系统和信息系统的整合，才能实现对"商流、物流、信息流、资金流"的有效管理，才能保证连锁企业实现统一采购、统一配送、统一核算、统一标识和统一管理的经营体制，有效地拓展门店销售网络，实现连锁经营体系的盈利模式。

一个连锁企业要建立配送中心，首先要依据企业自身的实际情况并吸收国内外先进的经验进行决策。通过国际上连锁业的发展可以看出：一个便利店连锁公司要想建立它的配送中心，需要拥有 20 个店、总面积达到 4 000 m^2；而一个超市连锁公司，在开店的同时就应该考虑与之配套的配送体系，当拥有 10 个店且总面积达到 5 000 m^2 时，就需要建立配送中心。物流配送中心的建立应该是在其连锁店铺发展到具有一定的规模之后，而不是在刚开始建立阶段。例如，一个 10 000 m^2 左右的综合型超市拥有 10 个左右的相同门店时，可考虑建立具备分拣配送、流通库存和加工三大功能的配送中心；1 000 m^2 左右的超市连锁店发展到 10 个店时，可考虑建立具有分拣配送、流通库存功能的配送中心，将生鲜商品的加工放到超市内进行；100～700 m^2 的小型超市发展到 20 多家时，可考虑建立具有分拣配送、存储功能的配送中心，而当门店数量发展到 60 家左右时，加工食品销售量趋于稳定，可考虑建立以加工功能为主的配送中心。

对于发展初期的连锁经营企业来说，一种较为明智的选择便是先委托社会化第三方配送或采取共同配送方式，随着连锁企业发展规模的壮大，再建设自有配送中心。

5.3.2 配送中心类型的选择

由于连锁企业的特征、类型和环境等诸多因素存在差异，往往需要有不同类型的配送中心与其相适应，连锁企业经营者必须慎重选择配送中心的类型。

了解配送中心的类型是为了选择更好、更合适的配送中心为连锁企业服务，而配送中心类型的选择除了要切实把握各类配送中心的特征之外，还必须能使之与连锁企业的本身特征相吻合。一般来说，配送中心的类型选择的步骤如下：首先，确定是何种功能的配送中心；其次，确定配送何种商品；最后，确定辐射的范围与区域。

1. 功能选择

连锁企业的配送中心与一般的配送中心不完全相同,它主要是为本公司服务的,因此,连锁企业的整体经营战略、店铺经营的商品结构和网点布局直接影响着配送中心类型的选择。目前,我国许多连锁企业在选择配送中心类型问题上存在着一些错误的认识,制约了配送中心作用的发挥。有些人仅把配送中心视为传统的仓储或一般的运输公司;相反,一些人把配送中心视为全功能型物流中心,认为若不是全功能的,就不是配送中心。显然,这两种观点都有失偏颇。实际上,配送中心的功能就是为连锁组织服务,因此选择什么类型的配送中心必须根据连锁企业发展的需要确定。

一般来说,连锁企业建立的配送中心与专业型配送中心不同,它不仅要有基本的配送功能,而且要有采购功能或进货功能,配送中心应成为连锁企业集中货物和分发货物的枢纽。并不是说任何连锁企业的配送中心都应具有加工功能,配送中心是否具有加工功能取决于成本核算。如果委托加工节省资金和费用,就可以采取委托加工的方式;如果投资于加工功能的资金无法很快地从经营中收回,则只有放弃,转而等待生产者完善加工体系,超市也只好逐渐实现"一次购足"的目标。从连锁企业发展要求来看,配送中心的功能越全越好,但从整体经济效益来看,并非完全如此。例如,有些连锁企业着重于社会化配送中心,租用他人的仓库和货车,也实现了配送的高效益。当然,这需要社会化配送体系的健全和规范。

2. 商品选择

对于规模不大的连锁企业来说,常常配备综合型配送中心,即负责配送连锁店铺经营的绝大多数商品,否则不易形成规模效益。从我国连锁企业的发展情况来看,不少配送中心带有综合型特征,即不仅负责食品配送,还负责日用工业品配送,只是物品储存在不同的仓库,运用不同的运输工具。这种综合型配送中心具有小而全的特征,能满足各个小店铺的需要,但不能满足大规模连锁企业的需要。一些国际上著名的连锁企业常常选择专业型配送中心,即将配送中心按商品标志分为若干个,如食品配送中心、果蔬配送中心和日用品配送中心等。当然,大规模的连锁企业对于所属规模较大的店铺,难以实现百分之百的配送,因此不可能设立各种类型的配送中心,有时也利用他人所有的专业型配送中心。例如,英国的香蕉流通主要由三大公司控制,它们拥有几十年的经验,能规范和有效地进行香蕉的配送,因此英国连锁企业不需要建立香蕉的配送中心。

3. 范围选择

配送中心的辐射范围主要由两个因素决定:一是连锁企业或店铺的辐射范围,二是每个配送中心所辐射的范围。从连锁企业角度来说,店铺布局决定着配送中心的辐射区域,配送中心必须保证每个店铺都能及时、准确地得到商品。店铺遍布的区域越大,配送中心辐射的区域越大,选择的配送中心的辐射范围必须与连锁店铺的分布相一致。同时,对于大型连锁企业来说,店铺数量多、分布相当分散,需要建立不止一家配送中心,那么就要确定每个配送中心承担的任务,从而为选择配送中心的地点和规模奠定基础。

5.3.3 配送中心区位的选择

配送中心区位的选择可解决配送中心建设的地理位置问题,这一问题将直接影响配送中心未来实际运营的效率与成本及仓储规模的扩充与发展。一般来说,如果预定地点或区位方案,可在系统规划进行之前提出,并作为系统规划过程的限制因素;如果没有预定方案,可在系统规划形成后,进行选址规划。选址问题决策分析一般采用定性分析与定量分析相结合的方法。

1. 选址问题的定性分析

定性分析法主要是根据选址影响因素和选址原则,依靠专家或管理人员丰富的经验、知识及其综合分析能力,确定配送中心的具体选址。其主要方法有专家打分法、德尔菲法。配送中心选址包括两个方面的含义:地理区域的选择和具体地址的选择。配送中心选址的影响因素主要有以下几个。

(1) 客户、供应商的分布

配送中心是为客户服务的,所以配送中心选址首先要考虑客户分布情况。面向零售商的配送中心,其主要客户是超市和零售店。这些客户大部分分布在人口密集的地方或城镇,配送中心为了提高服务水平及降低配送成本,多建在城市边缘接近客户分布的区域。

配送中心的货源是供应商,所以配送中心选址也必须考虑供应商的分布区域。配送中心越接近供应商,则安全库存量越可控制在较低的水平上。

(2) 交通条件和自然条件

交通条件是影响配送成本及效率的重要因素之一。配送中心选址必须考虑对外交通的运输渠道及未来交通与附近地区的发展状况等因素。为了确保配送运输作业的顺利进行,地址的选择应临近重要的运输渠道。一般配送中心应尽量选择在交通方便的高速公路、国道及快速道路附近,若以铁路及轮船为运输工具,则要考虑靠近火车站和港口等。

配送中心选址要考虑自然条件,以减少建造配送中心的风险。自然条件包括温度、湿度、盐分、降雨量、台风、地震、河川及其变化情况。

(3) 土地和人力资源条件

建造配送中心需要土地,对土地的使用必须符合相关的法令规章及城市规划的限制。规划配送中心用地问题,既要考虑土地面积问题,也要考虑地价问题,还要考虑地形、地质问题。

配送作业需要使用人力资源。人力资源条件要考虑附近地区的人口数量、交通条件和工资水平等。

(4) 政策条件

各地方政府的经济政策也是配送中心选址规划要考虑的因素之一。政策条件包括土地政策、税收政策和地区产业政策等。

2. 选址问题的定量分析

配送中心的选址运用定性分析和定量分析相结合的方法。在定性分析的基础上,大致选出若干个可选的地点,再进一步借助定量分析法量化比较,最终得出较优的方案。定量分析法主要有重心法、鲍莫尔-沃尔夫法、运输规划法等。

5.3.4 配送中心规模的选择

配送中心的规模包括三层含义：一是与店铺规模相适应的总规模，即需要建立的配送中心的总规模；二是配送中心的数量，即这些配送中心的布局；三是每个配送中心的规模。因此，配送中心规模的决策也包含这三个层次的决策。

1. 配送中心规模的决策

配送中心是连锁企业的"后勤部队"，其主要功能是为连锁企业的各店铺提供商品配送服务，因而，服务能力便成为衡量配送中心总规模是否适当的一个指标。一般而言，配送中心总规模与服务能力成正相关关系，即配送中心总规模越大，配送服务能力就越强，反之亦然。

一般来说，配送规模与单位配送成本之间的关系，在开始的某一时段内，随着配送规模的不断扩大，配送成本不断降低，其原因是规模经济性；在配送规模达到一定程度后，再进一步扩大时，配送成本则开始上升，因为此时规模不经济性开始发生作用，如图5-3所示。

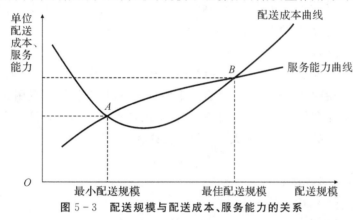

图5-3 配送规模与配送成本、服务能力的关系

如图5-3所示，配送成本和服务能力下降阶段的交点A仅是配送中心的最小规模，此时进一步扩大规模有助于获得规模经济。理论上的最佳配送中心规模是在服务能力和单位配送成本上升阶段的交点B，此时若再进一步扩大规模则可能引起规模不经济，即过分强调配送服务能力而不注意单位配送成本。这种认为配送中心规模越大越好的思想是不正确的；相反，过分偏重单位配送成本的降低，而忽视配送服务能力的思想也是不可取的。

在明确了配送中心总体规模的基本原则之后，再进一步探讨确定配送中心总规模的具体方法。因为储存和配送是配送中心的两大基本功能，确定配送中心总规模的具体步骤如下。

(1) 测定商品配送量及储存量

配送中心的商品配送量和储存量直接受连锁企业各店铺商品经营总量的影响。商品经营量越大，所需要的配送中心规模就越大。而商品经营量又与店铺面积有着正相关关系，所以连锁店铺总面积与配送中心总规模也成正相关关系。应该着重指出的是，连锁店铺总面积与配送中心规模的比例因业态不同、流转速度的不同而不同。因而，在借鉴已有经验数据的同时，必须充分考虑企业自身的特性，以确保决策无误。此外，在测定商品配送量及储存量的同时，必须掌握配送、储存的具体品种及相应的数量情况和包装等。

(2) 推算平均配送量

平均配送量既包括平均吨公里数，也包括平均储存量，前者决定运输规模，后者决定仓储规模。商品周转速度直接影响商品在配送中心停留的时间,速度慢就意味着占据配送中心空间的时间长,需要大规模的配送中心;反之,则需要相对小规模的配送中心。同时,从厂商直达店铺的商品越多,要求配送中心的仓库面积就越小。因此,在推算平均配送量时,应引入商品平均周转速度,计算公式为

$$\bar{Q} = \frac{Q}{T}$$

$$\bar{Q} = \frac{Q \cdot D}{360}$$

式中:$\bar{Q}$——平均商品储存量;

Q——商品总储存量;

T——平均周转次数;

D——平均商品储存天数(一年按360天计算)。

值得注意的是,对于某些季节性商品,各个时期的储存量有较大的差别。在这种情况下,平均商品储存量将不能反映其正常的储存空间需要量,必须进一步分析商品储存量在全年各个时期的分布情况,特别是储存高峰时期商品储存空间需要量。

(3)计算储存空间需要量

由于不同商品的容量及包装不同,在储存过程中所占仓库的空间也不同,这样就使得储存的商品和其所占用的空间这二者之间有一个换算关系,这个换算关系用仓容占用系数来表示。有些商品的储存量按照重量计算,有些商品的储存量按金额计算。仓容占用系数是指单位重量或金额商品所占空间的大小。计算公式为

$$P = \bar{Q} \cdot q$$

式中:P——储存空间需要量;

q——平均仓容占用系数。

(4)计算仓库的储存面积

在储存空间一定的条件下,所需储存面积的大小取决于仓库允许商品的堆码高度。影响仓库允许堆码高度的因素有商品性能、包装、仓库建筑构造和配备的设备等。根据仓库存放商品的特点和仓库设计等方面的条件,应合理地确定堆码高度、仓库的储存面积。计算公式为

$$S_t = \frac{P}{H}$$

式中:S_t——仓库储存面积;

H——商品平均堆码高度。

(5)计算仓库的实际面积

仓库的实际面积要大于储存面积,这是因为仓库不可能都用来储存商品。为了保证商品储存安全和适应库内作业的要求,需要留有一定的墙距、垛距、作业通道及作业区域等。仓库库房面积的利用率是储存面积与实际使用面积之比,这取决于商品保管要求、仓库建筑结构、仓储机械化水平、库房布置和仓库管理水平等多种因素。应根据新建仓库的具体条件,确定仓库面积利用系数,并根据其对仓库面积做最后的调整。计算公式为

$$S = \frac{S_t}{u}$$

式中：S——仓库的实际面积；

　　u——仓库面积利用系数。

(6)确定仓库的全部面积

仓库的全部面积为仓库的实际面积与辅助面积之和。根据仓库本身的性质及实际的需要，确定辅助面积所占比重，进而确定仓库的全部面积。

2.配送中心数量的决策

一般来说，配送中心的数量取决于经营商品的类别和连锁店铺的分布状态，因此，确定配送中心数量的方法有商品功能法和适当比例法两种方法。

(1)商品功能法

商品功能法是按照商品类别来设立配送中心的，有利于根据商品的自然属性来安排储存和运输。例如沃尔玛主要有六大类物流配送中心：干货物流配送中心、食品物流配送中心、山姆会员店物流配送中心、服装物流配送中心、进口商品物流配送中心和退货物流配送中心。

(2)适当比例法

适当比例法是按连锁店铺分布状态或空间特征设立配送中心的，其优点是利于配送距离及效益达到理想状态。意大利的 GS 超市连锁集团的超市分布状况是北部 58 家、中部 23 家、南部 11 家。配送中心的分布与其相适应，在北部、中部、南部各设立一个配送中心。日本的家庭市场连锁店物流半径为 30 km，在半径为 30 km 的面积内设有 70 家店铺，由一个配送中心负责配货。一个中心拥有四五辆货车，按照总部送货单送货，一辆车一次送货 10～15 家店铺，先装距离最远店铺的货物，后装最近店铺的货物，送货时先送最近店铺的货物，后送最远店铺的货物。

事实上，许多连锁企业通常综合采用上述两种方法进行配送中心的设置，既按商品类别划分配送中心，又按店铺分布来安排位置。目前有些大型百货商店大规模地建立分店，分店分散于各个区域，配送中心的效果很难体现。因此，配送中心要求连锁店铺的分布具有相对的集中性，一个配送中心至少能满足几家店铺的需要。

3.单个配送中心规模的决策

在单个配送中心规模的决策问题上，主要应消除一个认识上的误区，即单个配送中心的规模就是配送中心总规模的平均数。实际上，在连锁企业发展过程中，常常是逐个建立配送中心的，因此配送中心总规模是全部单个配送中心累积的结果，而不是先确定总规模，然后向各个配送中心进行分配。例如，意大利 GS 超市连锁集团中部配送中心负责 23 家超市的供应，设有面积为 23 000 m² 的仓库，而北部、南部仓库则不同，或大或小，即一个配送中心规模的大小是根据实际商品周转量确定的。

5.3.5　配送中心设施的选择

配送中心的主要活动基本上与物流仓储、搬运、拣取等作业有关，因此在进行系统规划的过程中，关于物流设施与设备的规划设计与选用，就成为规划工作的重心。不同型号、功能的物流设备，可使厂房布置与面积需求有所改变，因此必须按实际需求选择适合的设备。

1.容器设备

容器设备包括搬运用容器、储存用容器、拣取用容器及配送用容器，如纸箱、托盘、铁箱、塑料箱等。在各项作业流程及储运单位规划完成后,可先针对容器设备进行规划。部分以单品出货为主的出货类型,若货品品项多而体积、长度、外形等特性差异很大,则可考虑利用储运箱等容器将储运单位统一化,达到单元负载的原则,以简化储运作业。

2. 储存设备

储存设备包括自动仓储设备(如单元负载式、水平旋转式、垂直旋转式、轻负荷式)、大量型储存设备(如一般重型货架、驶入式货架、移动式货架、重力式货架等)、多种少量储存设备(如轻型料架、轻型流动货架、移动式储柜等),可根据仓储区使用的储运单位、容器形式及仓储需求量来选择适用的设备形式及数量。

3. 拣取分类设备

拣取分类设备包括一般性订单拣取设备、计算机辅助拣取设备[CAPS(call attempts per second,每秒建立呼叫数量)、计算机辅助拣货台车]、自动化订单拣取设备(A-frame 系统),可根据拣货区使用的拣取单位、容器形式及拣货需求量来选择适用的设备形式和数量。通常拣货区与库存区分区存放,再由库存区补货至拣货区,也有将拣货区与库存区规划在同一区的,但多以分层方式处理,此时拣货区保管用的设备与储存设备相同。另外,在不同的拣货策略下,所需的拣货区保管设备及拣货台车等搬运设备,因订单单个拣取或批量拣取而有所差异,因此须加以分析确认。

4. 物料搬运设备

物料搬运设备包括自动化配合下的搬运设备(如无人搬运车、轴驱动搬运台车)、机械化搬运设备(如叉车、油压拖板车)、输送带设备、分类输送设备、拆码盘设备和垂直搬运设备等。应配合上述仓储及拣取设备,估算每日进出货搬运、拣货、补货的次数,以选择适用的搬运设备。

5. 流通加工设备

流通加工设备包括裹包集包设备、外包装配合设备、印贴条形码卷标设备、拆箱设备和称重设备等。为配合配送中心服务项目的多元化及下游业者的需求,配送中心进行二次包装、裹包或贴卷标等加工作业的情况逐渐增多。为了配合国际物流的发展趋势,经由国际物流转运后再分装或进行简易加工的业务也会逐渐增多,因而也需要相应的流通加工设备。

6. 物流外围配合设备

物流外围配合设备包括楼层流通设备、装卸货平台、装卸载设备、容器暂存设备和废料处理设备等,视配送中心的需求而定。

7. 管理控制系统设备

管理控制系统设备包括物流管理系统设备、信息采集及识别系统设备、通信网络系统设备、控制系统设备及监控系统设备等。

▶ 小组模拟训练

(1)训练目标

灵活地运用所学知识,解决实际问题。

(2) 岗位角色

将全班学生分组,每组 5~8 人。

(3) 训练内容

1) 解答本节"案例导入"提出的问题。

2) 分析全球货运物流服务公司分公司设在伊利诺伊州德斯波兰斯的原因。举例说明该案例对我国配送中心的规划的启示。

(4) 训练步骤

1) 通过多种途径搜集资料。

2) 小组讨论并回答问题。

3) 根据讨论结果制作 PPT 课件。

4) 各小组进行作品展示。

5) 教师点评,并为各小组评分。

(5) 注意事项

1) 查询相关资料要准确。

2) 小组成员要相互配合,充分发挥团队精神。

3) 遵守纪律,听从指挥,表现出良好的综合素质。

(6) 考核标准

考核评分表如表 5-3 所示。

表 5-3 考核评分表

考评人		被考评人	
考评地点		考核时间	
考评内容	配送中心规划实训		
考评标准	具体内容	分值	实际得分
	案例分析透彻与否	30	
	讨论结果的可行性	20	
	PPT 制作是否精美	15	
	作业的讲解效果	20	
	回答问题的情况	15	
	合计	100	

本 章 小 结

本章主要介绍了配送的含义、特点、发展方向,还介绍了配送的基本作业流程,配送中心的基本功能、分类及内部工作区域,并分析了配送中心设立时机、类型的选择,选址时应考虑的主要因素及其规模、内部设施等。

第 6 章 配送方案及其设计

配送方案是否合理、切实可行,将直接影响配送效率和配送效益。因此,在配送作业期间,应针对具体的物流服务设计合理的物流配送方案并落实。

6.1 配送方案概述

▶学习目标

知识目标:了解配送方案的概念,掌握配送方案的内容。
技能目标:能合理选择配送方案的内容。
素质目标:正确认识确定、选择合理配送方案的重要性。

▶案例导入

优速达配送中心是一家坐落于成都市温江区的配送中心,为成都周边地区中小型超市及零售店提供休闲食品、日常生活用品等配送业务。该公司收到随风、若风、轻风三家公司的订单,其中随风公司是其母公司。

问题:为优速达配送中心确定三家公司配送方案的内容。

6.1.1 配送方案的概念

配送方案是从事配送活动的物流配送项目和配送运作的总称。配送方案包含两个含义,一是指某个具体配送活动的方案,二是指解决配送活动中问题的方法和具体运作的描述。

6.1.2 配送方案的内容

配送方案是配送中心为满足客户要求而设计的配送服务解决方案。客户的要求不尽相同,货物千差万别,配送方案的内容和形式也不完全一样。为满足客户配送服务的个性化要求,为客户量身定做的物流配送方案必然各有特点。但从宏观上看,配送方案都是为提供合理的、低成本的、高效率的配送服务而做出的,所以各种方案必有共性,即有共同的基本内容。这些基本内容包括资源筹措方案的制定,实施时间、地点、方式、要求、状况的规定,合作伙伴的选择,配送计划的拟订和配送线路的选择,在制定配送方案时应综合考虑。

1.资源筹措方案的制定

资源筹措方案包括资源的渠道、采购批量、保险储备量、有效客户反应等。配送中心能够集中用户需求规模备货,并充分考虑订货成本、储存成本、缺货损失费用、运输时间等各种费用和因素,正确确定采购批量、保险储备量,缩短客户的响应时间,实现物流配送的同步化运作。

▶知识链接

有效客户反应是指以满足顾客要求和最大限度降低物流过程费用为原则,及时做出准确反应,使提供的物品供应或服务流程最佳化的一种供应链管理战略。

2. 实施时间、地点、方式、要求、状况的规定

配送方案要根据顾客要求和实际情况,确定正确的实施时间、地点和方式,使顾客能在适当的时间和地点获得所需质量和数量的货物及服务,提高顾客的满意度。

3. 合作伙伴的选择

通过与合作伙伴建立稳定的关系,可以降低运行成本,规避市场风险,提高竞争力,实现双赢。选择合作伙伴需考虑合作伙伴的实力、合作伙伴的信誉、产品的市场份额等。合作的方式主要有如下几种。

1)纵向合作经营,指配送中心与上游或下游企业之间的合作经营关系。

2)横向合作经营,指彼此相互独立地从事相同配送业务的配送中心之间的合作经营关系,包括市场共享、技术共享和业务能力共享。

3)网络化合作经营,指既有纵向合作又有横向合作的全方位合作经营模式。

4. 配送计划的拟订

配送计划的拟订要以市场信息为导向、商流为前提、物流为基础,即以商流信息为主要依据来拟订配送计划。具体要考虑以下事项。

1)订单所提供的信息是拟订配送计划的重要依据。

2)分析所需配送货物的性能、运输条件、数量,确定运输方式及运输工具。

3)根据交通条件、道路等级及运输方式、工具,制订运力配置计划。

4)各配送点的运力与货物的资源情况。

5. 配送路线的选择

配送路线是指各配送车辆向各个客户送货时所要经过的路线。配送路线合理与否对配送速度快慢、成本、效益高低有较大影响,应采用科学合理的方法来优化配送路线。选择配送路线的方法有多种,要根据配送货物的数量、特性、客户的地理位置、距离、交通状况、运送成本、时间要求等因素确定。

▶ 知识链接

效益悖反是指一种活动的高成本会因另一种物流活动成本的降低或效益的提高而抵消的相互作用关系。

▶ 小组模拟训练

(1)训练目标

灵活运用所学知识,解决实际问题,锻炼学生的动手能力、分析能力,培养团队合作精神,体现职业教育特征。

(2)岗位角色

将全班学生分组,每组5~8人。

(3)训练内容

解答本节"案例导入"提出的问题。

(4)训练步骤

1)各小组根据所学,讨论并制定配送方案。

2)以小组为单位制作PPT课件。

3)分小组进行作品展示。

4)教师点评,并为各小组评分。

(5)注意事项

1)小组成员要相互配合,充分发挥团队精神。

2)遵守纪律,听从指挥,表现出良好的综合素质。

(6)考核标准

考核评分表如表6-1所示。

表6-1 考核评分表

考评人		被考评人	
考评地点		考核时间	
考评内容		确定配送方案实训	
考评标准	具体内容	分值	实际得分
	方案内容正确与否	30	
	方案内容可行性	20	
	PPT制作是否精美	15	
	作业的讲解效果	20	
	问题的回答情况	15	
	合计	100	

6.2 配送方案设计的基本程序

▶学习目标

知识目标:掌握配送方案的设计程序;掌握制订配送计划应考虑的因素、依据和内容;掌握配送路线的原则、方法;了解配送不合理的表现形式,掌握配送合理化可采取的做法;掌握降低成本的策略,了解配送定价的方式、方法和收费计费方式。

技能目标:学会设计配送方案;能制定合理配送路线;能分析配送是否合理,并能采取相应的方法解决不合理的配送;学会配送成本分析和配送定价。

素质目标:培养认真刻苦、勇于实践、严谨、敬业的精神,树立团队协作意识。

▶案例导入

1.日本的家用电器行业在第一次石油危机爆发之前,每天向销售店配送2~3次货物,提供了"不管什么时候,都马上送达"的高服务水平。可是,石油危机爆发后,由于燃料价格高涨,原来的高水平服务无法进行下去。

问题:你认为应该怎样做?为什么?

2.美国一家干货生产企业为满足遍及全美的1 000家连锁店的配送需要,建造了6个仓库,并拥有自己的车队。随着经营的发展,企业决定扩大配送系统,计划在芝加哥投资7 000万美元再建一个新仓库,并配以新型的物料处理系统。该计划提交董事会讨论时,却发现不仅成本较高,而且即使仓库建起来也无法满足需要。

问题:你认为应该怎样解决这个问题?

3.美国一家生产金枪鱼罐头的企业曾为提高市场占有率针对不同的市场设计了几种标签,产品生产出来后将其运到各地的分销仓库储存起来。由于顾客偏好不一,几种品牌的同一产品经常出现某种品牌的畅销缺货,而另一些品牌滞销压仓。为了解决这个问题,该企业改变以往的做法,在产品出厂时都不贴标签就运到各分销中心储存,当接到各销售网点的具体订货要求后,才按各网点指定的品牌标志贴上相应的标签,这样就有效地解决了此缺彼涨的矛盾,从而降低了库存。

问题:这种做法属于什么策略?

配送方案设计的基本程序如图6-1所示。

图6-1 配送方案设计的基本程序

6.2.1 制订配送计划

1.制订配送计划应考虑的因素

(1)配送的对象(客户)

配送的对象即客户有所不同,其出货形态也不尽相同。这些客户可能是经销商、配送中心、大型超市、百货公司、便利店及平价商店等的一种或几种。出货形式有整托盘出货、整箱出货、拆箱出货。配送计划应首先考虑配送的对象(客户)及其出货形式。

(2)配送的货物种类

在配送中心所处理的货物品项数的差异性非常大,多则上万种,少则数百种甚至数十种。由于品项数的不同,其复杂与困难程度也有所不同,货品的储位安排也完全不同,其特性也完全不同,因此,配送中心的厂房硬件设备及物流设备的选择也完全不同。

(3)货物的配送数量或库存量

货物的配送数量或库存量包含三个方面的含义:一是配送中心的出货数量,二是配送中心的库存量,三是配送中心的库存周期。货物的出货数量和随时间变化的趋势会直接影响配送中心的作业能力及设备的配置。配送中心的库存量和库存周期将影响到配送中心的面积及空间的需求。因此,应对库存量和库存周期进行详细分析。

(4)物流渠道

常见的物流渠道主要有如下几种模式。

1)工厂—配送中心—经销商—零售商—消费者。

2)工厂—经销商—配送中心—零售商—消费者。

3)工厂—配送中心—零售商—消费者。

4)工厂—配送中心—消费者。

在制订物流配送计划时,应了解物流渠道的类型,然后根据配送中心在物流渠道中的位置和上下游客户的特点进行规划。

(5)物流的服务水平

物流的服务水平的主要指标包括订货交货时间、货品缺货率、增值服务能力等。企业应该针对客户的需求,制定一个合理的服务水准。物流服务水平与物流成本成正比,但是站在客户的立场而言,希望以最经济的成本得到最佳的服务,所以原则上物流的服务水准应该是合理的物流成本下的服务品质。

(6)物流的交货时间

物流的交货时间是指从客户下订单开始,经过订单处理、库存查询、理货、流通加工、装车及卡车配送将货物送达客户手上的这段时间。

物流服务品质中,物流的交货时间非常重要,因为交货时间太长或不准时都会严重影响零售商的业务,因此交货时间的长短与守时与否成为物流业的重要评估项目。

(7)配送货物的价值

配送货物的价值与物流成本有密切的关系,因为在物流的成本计算方法中,往往会计算它所占货物的比例。

2. 制订配送计划的主要依据

(1)客户订单

一般客户订单对配送商品的品种、规格、数量、送货时间、送达地点、收货方式等有要求。客户订单是拟订运送计划最基本的依据。

(2)客户分布、运输路线、距离

客户分布是指客户的地理位置分布。客户位置与配送中心的距离以及配送中心到达客户收货地点的路径选择直接影响运输成本。

(3)配送货物的体积、形状、重量、性能、运输要求

配送货物的体积、形状、重量、性能、运输要求是决定运输方式、车辆种类、载重、容积、装卸设备的制约因素。

(4)运输、装卸条件

运输道路交通状况、运达地点及其作业地理环境、装卸货时间、天气等对配送作业的效率也有相当大的约束作用。

3. 配送计划的主要内容

1)按日期排定用户所需商品的品种、规格、数量、送达时间、送达地点、送货车辆与人员等。

2)优化车辆行走路线与运送车辆趟次,并将送货地址和车辆行走路线在地图上标明或

在表格中列出。

如何选择配送距离短、配送时间短、配送成本低的线路,需根据用户的具体位置、沿途的交通情况等做出优先选择和判断。除此之外,还必须考虑有些客户或其所在地点环境对送货时间、车型等方面的特殊要求,例如,有些客户一般不在上午或晚上收货,有些道路在某高峰期实行特别的交通管制等。因此,确定配送批次顺序应与配送线路优化综合起来考虑。

3)按用户需要的时间结合运输距离确定启运提前期。

4)按用户要求选择送达服务的具体组织方式。

配送计划确定之后,还应将货物送达时间、品种、规格、数量通知客户,使客户按计划准备好接货工作。

4. 配送计划的拟订

(1)划分基本配送区域

划分基本配送区域就是将客户所在地的具体位置进行系统统计,并将其进行区域上的整体划分,将客户囊括在不同的基本配送区域之中,以作为下一步决策的基本参考。

(2)决定配送批次

当配送中心的货品性质差异很大,有必要分批配送时,就要根据每个订单的货品特性优先划分。例如,生鲜食品与一般食品的运送工具不同,必须分批配送;化学物品与日常用品的配送条件有差异,也要分开配送。

(3)暂定配送先后次序

信用是创造后续客源的要素,因而在客户要求的时间准时送货是非常必要的,在考虑其他因素做出确定的配送顺序前,应先按各客户的交货时间将配送的先后次序做概略的掌握。

(4)安排车辆

车辆安排要解决的问题是安排什么形式、种类的配送车,是使用自用车还是外雇车。安排车辆要从客户面、车辆面及成本面来共同考虑。

(5)决定每辆车负责的客户

若已做好配送车辆的安排,每辆车所负责的客户点的数量自然也就确定了。

(6)选择路径

确定了每辆车需负责的客户点后,要考虑如何以最快的速度完成这些客户点的配送,根据各客户点的位置的关联性及交通状况来进行路径的选择。除此之外,对于有些客户或所在环境有其送达时间的限制也要考虑。

(7)确定最终送货顺序

做好车辆的调配安排及配送路径的选择后,根据各车辆的配送路径的先后即可确定客户的配送顺序。

(8)确定车辆装载方式

确定了客户的配送顺序后要处理如何将货品装车、以什么次序装车的问题。原则上,确定了客户的配送顺序,只要将货物按"后送达先上车"的顺序装车即可,但有时为妥善利用空间,可能还要考虑货物的性质(怕震、怕撞、怕湿)、形状、容积及重量来进行弹性放置。此外,对于这些出库货品的装卸方式也有必要依货品的性质、形状等决定。

6.2.2 选择配送路线

1. 确定配送路线的原则

(1)确定配送路线的目标

目标的选择是由配送的具体要求、配送企业的实力及客观条件决定的,有以下几种目标可以选择。

1)以效益最高为目标。以利润的数值最大为目标值。在选择效益为目标时,一般以企业当前的效益为主要考虑因素,同时兼顾长远的效益。

2)以成本最低为目标。成本和配送路线之间有着比较密切的关系,尽管计算各配送路线的运送成本仍比较复杂,但相对效益目标而言有所简化,比较实用。由于成本对最终效益起决定作用,选择成本最低为目标实际上还是选择了以效益为目标。

3)以路程最短为目标。如果成本和路程相关性较强,而和其他因素是微相关时,可以采取路程最短的目标。需要注意的是,有时候路程最短并不一定成本就最低,如果道路条件、道路收费影响了成本,单以最短路程为最优解就不合适了。

4)以吨公里最小为目标。吨公里最小是长途运输时常用的目标,在多个发货站和多个收货站且又是整车发到的情况下,选择吨公里最小为目标是可以取得满意结果的。在配送路线选择中该方式在一般情况下是不适用的,但在采取共同配送方式和节约里程法的计算中也可用吨公里最小为目标。

5)以准时性最高为目标。准时性是配送中重要的服务指标,以准时性为目标确定配送路线就是要将各用户的时间要求和路线先后到达的安排协调起来,这样有时难以顾及成本问题,甚至需要牺牲成本来满足准时性要求。当然,在这种情况下成本也不能失控,应有一定限制。

6)以劳动消耗最低为目标。以油耗最低、司机人数最少、司机工作时间最短等劳动消耗最低为目标确定配送路线也有所应用,这主要是在特殊情况下(如供油异常紧张、油价非常高、意外事故引起人员减员、某些因素限制了配送司机人数等)所要选择的目标。

(2)确定配送路线的约束条件

以上目标在实现时都会受到许多条件的约束,必须在满足这些约束条件的前提下取得成本最低或吨公里最小的结果。一般的配送约束条件有以下几项:

1)客户要求的限制。满足所有客户对货物品种、规格、数量、时间等的要求。

2)路线允许通行的时间限制。某些路段在一定的时间范围内,不允许某种类型的车辆通行,确定配送路线时应当考虑这一因素。

3)运输工具载重的限制。运输工具载重的限制是指车、船、飞机都有规定的额定载重量,如果超重就会影响安全运输,所以在安排货物的配送路线时应保证同路线货物的重量不会超过所使用运输工具的载重量。

4)配送中心的能力限制。配送中心的能力包括运输和服务这两个方面的能力。运输能力是指提供适当的专门化车辆的能力,用于温度控制、散装产品及侧面卸货等;服务能力,它包括利用 EDI 系统编制时间表和开发票,在线装运跟踪及储存和整合。

5)自然因素的限制。自然因素的限制主要包括气象条件、地形条件。尽管现代运输手段越来越发达,自然因素对于运输的影响已相对减少,但是,自然因素仍是不可忽视的影响因素之一。

6)其他不可抗力因素的限制。其他不可抗力主要指法律的颁布、灾害的发生、战争的爆发等,这些因素有时会产生很严重的后果,为了规避风险,应当对其进行充分估计并购买相应保险。

2.确定配送路线的方法

(1)经验判断法

经验判断法是指利用行车人员的经验来选择配送路线的一种主观判断方法。这种方法缺乏科学性,易受掌握信息的限制,但其简单、快速、方便,是企业中经常使用的方法。

(2)综合评分法

综合评分法是指能够拟订出多种配送路线方案,评价指标明确,只是部分指标难以量化,或是对某一项指标有突出的强调与要求,采用加权评分的方式来确定配送路线。其步骤是拟订配送路线方案—确定评价指标—进行方案的综合评分。

【例 6-1】配送中心设立配送路线方案评价 10 项指标:距离、时间、准时、难易程度、车辆台/次数、油耗、运送量、客户数、车辆状况和总费用。每个评分标准分为四个档次并赋予不同的分值,即差(1 分)、较好(2 分)、良好(3 分)、最优(4 分),满分是 40 分。然后为各配送路线评分,根据最后的评分情况,在各方案之间进行比较,选择配送路线。

解:表 6-2 为对某配送线方案进行评分的情况。该方案得分为 33(3+4+4+4+2+3+4+3+4+2)分。

表 6-2 路线方案评分

序号	评价指标	差 1 分	较好 2 分	良好 3 分	最优 4 分
1	距离			√	
2	时间				√
3	准时				√
4	难易程度				√
5	车辆台/次数		√		
6	油耗			√	
7	运送量				√
8	客户数			√	
9	车辆状况				√
10	总费用		√		

(3)图上作业法(破圈法)

图上作业法是指货物从起始点出发至终点,有两条以上路线交织成网状,并形成回路圈,在这个运输网络中,任取一圈,去掉圈中最大距离的边,在余下的圈中,重复这个步骤直至无圈位置的方法。采用这种方法可求出配送最短路线。

思考:配送企业主要采用哪些方法来确定配送路线?为什么?

【例6-2】一批货物从配送中心 C_1 运到客户 C_6,具体路线如图6-2所示,求最短路径。

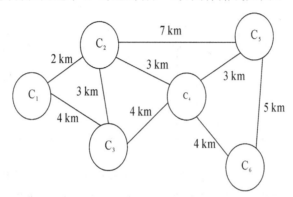

图6-2 配送中心 C_1 的配送网络

解:求最短路径的分析过程如下。

①C_1—C_2—C_3 形成一个回路,去掉最长的路线 C_1—C_3。
②C_2—C_4—C_5 形成一个回路,去掉最长的路线 C_2—C_5。
③C_4—C_5—C_6 形成一个回路,去掉最长的路线 C_5—C_6。
④C_2—C_3—C_4 形成一个回路,去掉最长的路线 C_3—C_4。

得到最短运输路线 C_1—C_2—C_4—C_6,里程为9 km。

(4)节约里程法

节约里程法是指根据配送中心的运输能力和配送中心到各客户及各客户之间的距离来制订使总车辆运输的吨公里数最小的配送方案。

(5)电子地图

通过全球定位系统(global positioning system,GPS)和地理信息系统(geographic information systems,GIS)获取门店的地理位置,并通过对门店基础信息(门店位置、电子结算水平、平均服务时间等)和道路交通信息进行汇总、统计、分析,制作具有详细门店信息和道路交通信息的电子地图。在电子地图支持下,得到装车配载和线路优化接近最优的方案。

6.2.3 分析配送是否合理

1.配送合理化的判断标志

对于配送合理化的判断,是配送决策系统的重要内容。一般情况下,配送合理化有以下标志,如表6-3所示。

表 6-3 配送合理化的判断标志

配送合理化判断标志	库存标志		资金标志			成本和效益标志			供应保证标志			物流合理化标志				
具体内容	库存总量	库存周转	资金总量	资金周转	资金投向的改变	资源筹措成本	总效益	宏观效益	微观效益	缺货次数	配送企业集中库存量	即时配送的能力及速度	是否降低了物流费用	是否减少了物流损失	是否加快了物流速度	是否发挥了各种物流方式的最优效果	是否有效衔接了干线运输和末端运输	是否不增加实际的物流中转次数	是否采用了先进的技术手段

(1) 库存标志

1) 库存总量。在一个配送系统中,库存总量从分散于各个用户转移给配送中心,所以配送中心库存数量加上各用户在实行配送后库存量之和应低于实行配送前各用户库存量之和。

2) 库存周转。由于配送企业的调剂作用,以低库存保持高的供应能力,库存周转一般总是快于原来各企业的库存周转。此外,从各个用户角度进行判断,各用户在实行配送前后的库存周转比较,也是判断配送合理与否的标志。

为取得共同比较基准,以上库存标志都以库存储备资金计算,而不以实际物资数量计算。

(2) 资金标志

实行配送应有利于资金占用量的降低及资金运用的科学化。具体判断标志如下。

1) 资金总量。用于资源筹措所占用的流动资金总量随储备总量的下降及供应方式的改变必然有较大幅度的降低。

2) 资金周转。从资金运用来讲,由于整个节奏加快,资金充分发挥作用,同样数量的资金,过去需要较长时期才能满足一定的供应要求,配送之后,在较短时期内就能达到此目的。因此资金周转是否加快,是衡量配送合理与否的标志。

3) 资金投向的改变。资金是分散投入还是集中投入,是资金调控能力的重要反映。实行配送后,资金必然应当从分散投入改为集中投入,以增加调控作用。

(3) 成本和效益标志

资源筹措成本、总效益、宏观效益、微观效益都是判断配送合理化的重要标志。对于不同的配送方式,可以有不同的判断侧重点。

(4) 供应保证标志

配送的重要一点是必须提高对用户的供应的保证能力。供应保证能力可以从以下方面判断。

1) 缺货次数。实行配送后,对各用户来讲,该到货而未到货以致影响用户生产及经营的次数,必须下降才算合理。

2)配送企业集中库存量。对每一个用户来讲,其数量所形成的保证供应能力高于配送前单个企业保证供应能力,从供应保证来看才算合理。

3)即时配送的能力及速度是用户出现特殊情况的特殊供应保障方式,这一能力必须高于未实行配送前用户紧急进货能力及速度才算合理。

(5)物流合理化标志

配送必须有利于物流合理化。物流合理化的问题是配送要解决的大问题,也是衡量配送的重要标志。判断物流合理化的标志主要有以下几个方面。

1)是否降低了物流费用。

2)是否减少了物流损失。

3)是否加快了物流速度。

4)是否发挥了各种物流方式的最优效果。

5)是否有效衔接了干线运输和末端运输。

6)是否不增加实际的物流中转次数。

7)是否采用了先进的技术手段。

2. 配送不合理的表现

配送包括拣选、加工、包装、分割、组配等作业,配送时要避免配送不合理造成的损失,但有时有些不合理现象是伴生的,要追求大的合理,就可能产生小的不合理。因此,对于配送不合理的表现形式,要防止绝对化。

(1)资源筹措不合理

配送是筹措较大批量资源。通过筹措资源的规模效益来降低筹措资源的成本,使配送资源筹措成本低于单个用户筹措资源的成本,从而取得优势。资源筹措不合理还有其他表现形式,如配送量计划不准、资源筹措过多或过少、在资源筹措时未考虑建立与资源供应者之间长期稳定的供需关系等。

(2)库存决策不合理

配送应充分利用集中库存总量低于各用户分散库存总量,从而大大节约社会财富,同时降低用户实际平均分摊库存的负担。因此,配送企业必须依靠科学管理来实现一个低总量的库存,否则就会出现单纯库存转移,而未解决库存降低的不合理问题。

配送企业库存决策不合理,还表现在储存量不足,不能保证随机需求,可能会失去应有的市场。

(3)价格不合理

总体来讲,配送的价格应低于不实行配送时,用户进货价格加上自己提货、运输、进货的成本总和,这样才会使用户有利可图。有时,由于配送有较高的服务水平,价格稍高,用户也是可以接受的,但这不能是普遍的原则。如果配送价格普遍高于用户进货价格,损害了用户利益,就是一种不合理的表现。价格制定得过低,使配送企业在无利或亏损状态下运行,会损害销售者利益,也是不合理的。

(4) 配送与直达决策不合理

一般的配送增加了环节，但是这个环节的增加可降低用户的平均库存水平，不但抵消了增加环节的支出，还能取得剩余效益。但是如果货物批量大，可以直接通过社会物流系统均衡批量进货，较之通过配送中转送货则可能更节约费用。因此，在这种情况下，不直接进货而通过配送就属于不合理范畴。

(5) 配送过程中运输不合理

配送与用户自提比较，尤其对于多个小用户来讲，可以集中配装一车给多个用户配送，这与一家一户自提相比，可大大节省运力和运费。如果不能利用这一优势，仍然是一户一送，而车辆达不到满载（即时配送过多、过频时会出现这种情况），就属于运输不合理。

此外，运输不合理还有若干表现形式，如返程或启程空驶、对流运输、迂回运输、重复运输、倒流运输、过远运输等，在配送中都可能出现。

(6) 经营观念不合理

在配送实施中，由于经营观念不合理，配送优势无从发挥，损坏了配送的形象，这是在准备开展配送时，尤其需要注意克服的。

3. 配送合理化可采取的做法

国内外推行配送合理化，有以下几种可供借鉴的办法。

(1) 推行一定综合程度的专业化配送

推行一定综合程度的专业化配送，即通过采用专业设备、设施及操作程序，取得较好的配送效果并降低配送综合化的复杂程度及难度，从而追求配送合理化。

(2) 推行加工配送

通过加工和配送结合，充分利用本来应有的这次中转，而不增加新的中转实现配送合理化。同时，加工借助于配送使加工目的更明确，和用户联系更紧密，避免了盲目性。这两者有机结合，不增加太多投入却可追求两个优势、两个效益，是实现配送合理化的重要经验。

(3) 推行共同配送

通过共同配送，可以以最近的路程、最低的配送成本完成配送，从而追求合理化。

(4) 实行送取结合

配送企业与用户建立稳定、密切的协作关系。配送企业不仅成为用户的供应代理人，而且是用户储存据点，甚至成为产品代销人。在配送时，将用户所需的物资送到，再将该用户生产的产品用同一车辆运回，这种产品也成了配送中心的配送产品之一，或者作为代存代储，免去了生产企业库存包袱。这种送取结合的方式使运力被充分利用，也使配送企业功能有更大的发挥空间，从而追求合理化。

(5) 推行准时配送系统

准时配送是配送合理化的重要内容。配送做到了准时，用户才有资源把握，才可以放心地实施低库存或零库存，才可以有效地安排接货的人力、物力，以追求最高效率的工作。另外，只有准时供应，才能保证供应能力。

(6) 推行即时配送

即时配送可解决用户企业担心货物断供的问题，是大幅度提高供应保证能力的重要手段。即时配送是配送企业快速反应能力的具体化,是配送企业能力的体现。即时配送成本较高,但它是整个配送合理化的重要保证手段。此外,即时配送也是用户实行零库存的重要保证手段。

6.2.4 分析配送成本

1. 配送成本的含义

配送成本是指在配送活动的备货、储存、分拣、配货、送货、送达服务及配送加工等环节所发生的各项费用的总和,是配送过程中所消耗的各种活劳动和物化劳动的货币表现。配送费用包括人工费用、作业消耗、物品损耗、利息支出、管理费用等,将其按一定对象进行汇集就构成了配送成本。对配送成本进行归集时要做的第一项工作是必须明确归集的范围。配送成本的范围一般由以下三个方面的因素决定。

(1) 成本的计算范围

配送过程中涉及不同的配送对象,如不同的送货对象、不同的配送产品,此时若按不同对象进行成本归集,计算结果有明显的差别。

(2) 计算对象的选择

在备货、储存、配货、送货等配送物流活动中,选择不同活动进行成本归集计算出来的配送成本是有差别的。

(3) 配送费用的选择

支付的费用包括运载费用、保管费用、人工费、折旧费等,把其中哪几部分列入配送成本进行计算将直接影响配送成本。

企业配送成本受以上三个方面因素的直接影响。确定不同的前提条件,会得到截然不同的结果。企业应根据各自不同的情况及管理需要来决定本企业配送成本的计算范围。

2. 配送成本合理化的策略

配送成本合理化的策略就是在一定的配送成本下尽量提高配送的服务水平,或是在一定的服务水平下使配送成本最小。一般来说,要想实现在一定的服务水平下使配送成本最小,有以下策略可供参考。

(1) 混合策略

混合策略是指配送业务一部分由企业自己完成,一部分外包给第三方物流企业完成的配送策略。这种策略的基本思想是采用单一策略容易形成一定的规模经济,并使管理简化,但由于产品品种多变、规格不统一、销售量不均衡的情况,采用单一策略的配送方式不仅不能获得规模效应,反而还会造成规模不经济。而采用混合策略,合理安排企业自己完成的配送和外包给第三方物流企业的配送,能使配送成本最低。

(2) 差异化策略

差异化策略的指导思想是产品特征不同,客户服务水平也不同,不能对所有产品、所有客户都按同一标准的服务水平来配送,无视产品、客户的差异性会增加不必要的配送成本。

(3) 合并策略

合并策略包含两个层次,一是配送方法上的合并,二是共同配送。配送方法上的合并是指企业在安排车辆完成配送任务时,充分利用车辆的容积和载重量,做到满载满装,是降低成本的重要途径。共同配送是一种产权层次上的共享,也称为集中协作配送。它是多个企业联合,集小量为大量,共同利用同一配送设施配送的配送方式。

(4) 延迟策略

延迟策略的基本思想就是对产品的外观、形状及其生产、组装、配送应尽可能推迟到接到顾客订单后再确定。实施延迟策略常采用生产延迟(或称形成延迟)和物流延迟(或称时间延迟)两种方式,而配送中往往存在着加工活动,所以实施配送延迟策略既可采用形成延迟方式,也可采用时间延迟方式。

(5) 标准化策略

标准化策略即尽量减少因品种多变而导致的附加配送成本,尽可能多地采用标准零部件、模块化产品。

3. 配送定价

(1) 定价方式

定价方式有单一价格、分区价格、分线价格三种,如表 6-4 所示。

表 6-4 定价方式

定价方式	说 明
单一价格	在一个配送区域内不论配送到哪里,对同一计费单位采用同一个价格
分区价格	将配送覆盖区划分成若干价格区间,对运送到不同区间的配送采用不同的价格
分线价格	将配送区按照配送运输线路进行划分,对每一条线路进行定价

(2) 价格制定方法

1) 成本定价法,即根据配送经营的成本确定价格。价格由成本、利润、税收三部分组成。其中:

$$成本 = 直接成本 + 间接成本$$
$$利润 = 成本 \times 成本利润率$$

税收则根据国家税收政策确定。

思考: 目前大部分配送企业是如何定价的?请举两个企业的实例。

2) 边际成本定价法,即在配送达到规模经济时,利用边际成本作为价格的定价方法。这种定价法的条件是配送已达到了规模经济,配送规模再继续增加时就会使不经济的固定成本大幅增加,造成所定的价格不能弥补固定成本的支出的现象。当配送的边际成本等于平均成本时的配送量时,配送利润达到最大化。此时,由平均成本决定的配送价格就等于边际成本。

3) 市场价格定价法。在配送市场上,存在着由众多的配送经营人组成的配送供给者和众多对配送产品的需求者,形成配送供给和配送产品需求两方。对于需求者而言,当配送产品价格极高时,不愿意消费,需求量较小;随着配送产品价格的降低,消费能力增大,需求量也增大,需求量与价格呈逆向变化。同样,当配送产品价格很低时,配送商不愿意经营,供给量很少;当配送产品价格增高时,配送商的配送经营量会增加,配送供给量与配送价格同向变化。在定于某个价格时,双方的数量与价格关系相同,达到平衡,此时的价格是供需平衡的价格,此时的数量是市场的供给和消费的平衡容量,此时的价格就是整个市场的价格,也是配送供应商所能定的最高价格。

众多中小规模的配送经营者只能是配送市场价格的接受者,需要采用市场价格确定配送价格,并按照该价格管理和控制成本支出。

4)综合定价法。产品定价是企业与客户、与竞争对手的博弈行为,既要保证产品尽可能被广泛接受,使经营规模扩大,又要争取最高的收益。定价要根据成本、市场需求、市场竞争的需要合理确定。总体来讲,正常定价不能低于成本,但也不能高于市场均衡价格。

4. 配送收费方式的确定

配送收费可以是独立地提供配送服务而收费,或者作为其他服务的一个环节,合并在其他服务收费之中。但总体来说,配送是一项独立的计费项目,需要依据配送的成本确定收费。配送经营人收费的方式可以采用以下三种。

(1) 按配送量收费

按配送量收费以每单位的配送量为计费单位,若采用重量单位,总收费即为总配送量与费率的乘积。但是由于配送不同商品的作业有一定的差别,所投入的劳动不同,如重大货物与轻巧货物作业不同,可以按商品类别进行分类、分等级。按配送量收费还包括采用按所配送的货物的体积计费、按件数收费等方式。

(2) 按配送次数收费

按配送次数收费是指以提供的配送次数为收费单位,不计具体的配送量。此种收费方式相当于包车配送,一般有每次配送最大量的限制,如每次不超过一整车。

(3) 按期收费

按期收费是指以一定时期为计费单位。对于配送稳定的客户,进行定量、定次的配送,仅仅是计费形式的不同。

▶ **小组模拟训练**

(1) 训练目标

灵活地运用所学知识,解决实际问题,能提出合理的解决方案。

(2) 岗位角色

将全班学生分组,每组5~8人。

(3) 训练内容

1) 为日本的家用电器行业制定解决方案。

2) 为美国的干货生产企业制定解决方案。

3) 为美国生产金枪鱼罐头的企业制定解决方案。

4) 配送企业主要采用哪些方法来确定配送路线?为什么?

5) 大部分配送企业是如何定价的?举两个企业实例。

(4) 训练步骤

1) 小组根据所学的知识及查找的资料,讨论并解决问题。

2) 小组制作PPT课件。

3)分小组进行作品展示。
4)教师点评,并为各小组评分。
(5)注意事项
1)查询的相关资料要准确。
2)制定的方案要切实可行。
3)遵守纪律,听从指挥,表现出良好的综合素质。
(6)考核标准
考核评分表如表6-5所示。

表6-5 考核评分表

考评人		被考评人	
考评地点		考核时间	
考评内容		配送方案设计实训	
考评标准	具体内容	分值	实际得分
	制定方案是否合理、可行	30	
	案例分析透彻与否	20	
	PPT制作是否精美	15	
	作业的讲解效果	20	
	问题的回答情况	15	
	合计	100	

本 章 小 结

本章主要介绍了配送方案的内容和配送方案设计的基本程序。配送方案是从事配送活动的物流配送项目和配送运作的总称,基本内容包括资源的筹措,实施时间、地点、方式、要求、状况的规定,合作伙伴的选择,配送计划的拟订,配送线路的选择。配送方案设计的基本程序包括制订配送计划、选择配送路线、配送合理化分析、配送成本分析。制订配送计划包括制订配送计划应考虑的因素、制定配送计划的主要依据、配送计划的主要内容、配送计划的拟订;选择配送路线包括确定配送路线的原则、确定配送路线的方法;分析配送是否合理化包括配送合理化的判断标志、配送不合理的表现、配送合理化可采取的做法;分析配送成本包括配送成本的含义、配送成本合理化的策略、配送定价、配送收费方式的确定。

第 7 章
配送作业过程

　　配送作业过程随着货物特性、配送形式等而变化。在互联网经济环境下，用户所需要的物品大多由销售企业或供需企业某一方委托专业的配送企业进行配送服务。货物特性的精细化分类，使得配送服务形态呈现多种形式。在配送作业中，订单处理与备货、拣货与配货作业以及送货与退换货作业是其典型的作业环节。它们直接反映着配送系统运行过程中物资的流动、设备的工作及资源的消耗情况。

7.1 订单处理与备货

▶学习目标

知识目标：掌握订单、备货处理的作业流程和业务内容，了解订单、备货处理过程的改善方法。

技能目标：能熟练处理订单和备货业务。

素质目标：树立客户第一的服务理念，培养效率意识、成本意识和责任意识。

▶案例导入

1.连邦软件销售企业的配送中心总部和厂商签署协议，由厂商直接供货，总部统一和厂商结算。连邦软件销售企业和厂商约定，厂商制作一份发货单，传真一份给专卖店，一份给连邦总部。专卖店收到由厂商直接发来的货并检验无误后，在发货单上盖章签字后传真给连邦总部，总部根据专卖店的确认单制作专卖店的物流单，并办理产品入库手续，按规定和厂商结算。

问题：画出该案例的业务流程图，分析它与本书所讲的订单处理有什么区别？具有什么特点？

2.天浩公司于2006年从钢厂购进的规格为 8 mm 的线材数量为 59.08 t，经仓库验收为 58.68 t，亏重为 0.4 t。

问题：应如何处理此事？

3.立德公司于2006年12月28日从钢厂购进线材 10 mm，批号为 D2-1066，经客户加工后有脆断的现象。

问题：应如何处理此事？

4.1969年诞生于英国南安普敦市的 B&Q(百安居)，隶属英国翠丰集团，其部分业务流程如下。

1)订单处理。百安居以前的操作模式是门店直接向各个供应商下订单，订单没有整合，导致出现较高的订单频率，供应商需要花费较多的人力、物力来处理订单。

2)货物发送。以往，供应商处理完各个门店的订单后，根据订单要求备货，并分别发往不同的目的地。这样导致供应商的发货频率较高，并需要支付较高的零担运输费用。

3)财务结算。传统的模式下，供应商将货物送到商店，商店签收单据返回供应商后，供应商才能依据签收单开具收款发票。

问题：百安居的订单管理、货物发送、财务结算应如何进行优化？

7.1.1 订单处理

订单处理是从接到用户订单开始，一直到拣选货品为止的工作，有人工处理和计算机处理两种形式,目前主要采用计算机处理。订单处理的步骤如图7-1所示。

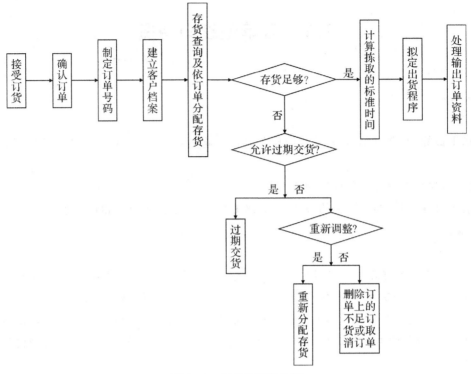

图7-1 订单处理的步骤

1．接受订货

接受订货即接受订单的订货要求。订货方式主要有传统订货与电子订货两种。

(1)传统订货方式

传统订货方式主要有业务员跑单接单、厂商补货、厂商巡视隔日送货、电话口头订货、传真订货、邮寄订单和客户自行取货七种方式,如表7-1所示。

表7-1 传统订货方式

订货方式	说 明
业务员跑单接单	业务员到客户处推销产品,然后将订单带回公司。紧急时,先用电话方式与公司联系,通知有客户订单,让公司做好发货准备
厂商补货	供应商直接将商品放在车上,依次给各订货方送货,缺多少补多少。常用于周转率较快的商品或新上市商品
厂商巡视隔日送货	供应商派巡货人员先到各客户处寻查需补充的货物,隔天再予以送货。这种订货方式便于发现问题,便于促销。但是投入大、费用高
电话口头订货	订货人员以电话方式向厂商订货,缺点是错误率高
传真订货	客户利用传真机将订货要求发给厂商。利用传真机可快速地传送订货资料,缺点是传送的资料常需事后的确认作业
邮寄订单	客户将订货单邮寄给供应商
客户自行取货	客户到供应商处看货、补货,根据需要下单订货,多为杂货店采用,范围受到限制

以上传统订货方式都有一定的优点,其中很多方式被企业广泛应用,但是也存在不少缺点,其中重要的一点是花费的时间多、费用高。

(2)电子订货方式

电子订货方式就是将订货资料由书面资料转为电子资料,采用电子传送方式,通过通信网络进行传送。该信息系统被称为电子订货系统(electronic order system,EOS)。电子订货方式主要有订货簿与终端机配合、销售时点信息系统、订货应用系统三种方式,如表7-2所示。

表7-2 电子订货方式

订货方式	说明
订货簿与终端机配合	订货人员携带订货簿及RF手持终端检查商品是否缺货,若缺货则扫描订货簿或货架上的商品标签,再输入订货数量,最后利用数据机将订货资料传给供应商或总公司。这种方式能及时地反映货物的库存情况,但对订货人员的要求高,出错率也高
销售时点信息系统	在销售时点信息系统里设定安全库存量,当销售商品时,销售时点信息系统会自动扣除该商品库存,当库存低于安全库存量时,结合日均销售趋势系统,销售时点信息系统会自动产生订单,将此订单确认后传给总公司或供应商,这种方式便捷迅速
订货应用系统	客户利用订单处理系统,就可将应用系统产生的订货资料经转换软件转成与供应商约定的共同格式,在约定时间将订货信息传送到供应商处订货。这种方式还可预测下一阶段时间内的销售数量,及时准确地反映顾客的需求

电子订货方式可以有效地缩减存货及相关成本费用,提高客户服务水平,及时准确地反映当前库存,实现准确订货,但其运作费用较高,应根据实际情况选用。

▶知识链接

电子订货系统是指不同组织间利用通信网络和终端设备进行订货作业与订货信息交换的体系。

自动扫描结算系统是指利用条码自动识别技术进行扫描结算的信息系统。

2.确认订单

接受订单后,需对其进行确认。确认的主要内容如下。

(1)确认货物数量及日期

确认货物数量及日期就是对订货资料项目,如品名、数量、送货日期等进行的基本检查,尤其当送货有延迟时,更需要与客户再次确认订单内容或更正运送时间。

(2)确认客户信用

接受订单后都要核查客户的财务状况,以确定其是否有能力支付该订单的账款。通常的做法是检查客户的应收账款是否已超过其信用额度。

(3)确认订单形态

订单的交易形态有多种,物流中心应对不同的订单形态采取不同的交易及处理方式,如表7-3所示。

表 7-3　订单形态说明

订单类别	含义	处理方法
一般交易订单	接单后按正常的作业程序拣货、出货、发送、收款的订单	接到一般交易订单后,将资料输入订单处理系统,按正常的订单处理程序处理,资料处理完后进行拣货、出货、发送、收款等作业
现销式交易订单	与客户当场交易,直接给货的交易订单	在输入资料前就已把货物交给了客户,只需记录交易资料即可
间接交易订单	客户向配送中心订货,直接由供应商配送给客户的交易订单	接到间接交易订单后,将客户的订货资料传给供应商由其代配。客户的送货单是自行制作或委托供应商制作的,应对出货资料加以核对确认
合约式交易订单	与客户签订配送契约的交易订单	对待合约式交易订单,应在约定的送货期间,将订货资料输入系统处理并设定各批次送货时间,以便在约定日期系统自动产生所需的订单资料出货配送
寄库式交易订单	客户因促销、降价等市场因素先行订购一定数量的商品,往后视需要再要求出货的交易订单	当客户要求配送商品时,系统查询客户是否有此种寄库商品,出货时要从商品的寄库量中扣除

(4)确认订货价格

同一种产品,因客户不同、订购量不同,价格也会不同,输入价格时系统应加以检核。若输入的价格不符,系统应加以锁定,以便主管审核。

(5)确认加工包装

对于客户订购的商品是否有特殊的加工包装要求,要详细地确认并记录。

3.制定订单号码

每一订单都要有其单独的订单号码,号码由控制单位或成本单位制定,除便于计算成本外,可用于制造、配送等一切有关工作,且所有工作说明单及进度报告均应附此号码。

4.建立客户档案

客户档案应包括如下内容:

1)客户名称、代号、等级等。

2)客户信用额度。

3)客户销售付款及折扣率的条件。

4)开发或负责此客户的业务员资料。

5)客户配送区域。

6)客户收账地址。

7)客户点配送路径顺序。

8)客户点适合的送货车辆形态。

9)客户点卸货特性。

10)客户配送要求。

11)延迟订单(已过订货时间的订单)的处理方式(或办法)。

5. 存货查询及依订单分配存货

存货查询就是要检查库存状况,包括是否有货,是否能满足顾客订货条件。如果缺货则提供商品资料或是在途信息,以便于接单人员与客户协调解决办法,如是否改订替代品或是允许延后出货等。

订货资料输入系统确认无误后,下一步就是如何将大量的订货资料做最有效的汇总分类和调拨库存,以便后续的物流作业能有效地进行。存货的分配模式可分为单一订单分配及批次分配两种。

1)单一订单分配。此种情形多为线上即时分配,即在输入订单资料时,就将存货分配给该订单。

2)批次分配。累积汇总数笔订单资料输入后,再一次性分配库存。采用批次分配时,要注意订单的分批原则,即批次的划分方法。由于作业的不同,各物流中心的分批原则也可能不同,总体来说有四项原则,如表7-4所示。

表 7-4 订单分批原则

订单分批原则	说 明
按接单时段	将整个接单时间划分为几个配送时段,把订单按接单先后顺序分为几个批次处理
按配送区域路径	将同一配送区域路径的订单汇总处理
按流通加工要求	将有流通加工需求的订单汇总处理
按车辆要求	如果配送商品要用特殊的配送车辆(如低温车、冷冻车、冷藏车)或客户所在地、订货有特殊要求,可以汇总合并处理

如果订单的某商品总出货量大于可分配的库存量,可依以下原则来决定客户订购的优先性。例如,具有特殊优先权者先分配,根据订单交易量或交易金额来取舍,将对公司贡献度大的订单作优先处理,根据客户信用状况将信用较好的客户订单作优先处理,如表7-5所示。

表 7-5 有限库存分配原则

有限库存分配原则	说 明
特殊优先权者先分配	对于缺货补货订单、延迟交货订单、紧急订单、远期订单等,应给予优先分配权
订单交易量或交易金额	交易量或交易金额大的订单优先处理
客户等级	重要客户优先处理
客户信用状况	信用较好的客户订单优先处理

6. 计算拣取的标准时间

订单处理人员要事先掌握每一个订单或每批订单可能花费的拣取时间,以便有计划地安排出货过程。因此,要计算订单拣取的标准时间。

1)计算拣取每一单元(一箱、一件)货物的标准时间。

2)计算每品项订购数量(多少单元),再配合每品项的寻找时间来计算出每品项拣取的标准时间。

3)根据每一订单或每批订单的订货品项及考虑一些纸上作业的时间,算出整张或整批订单的拣取标准时间。

7.拟订出货程序

通常依客户需求、拣取标准时间及内部工作负荷来拟订出货时间及拣货先后顺序。

8.处理分配后存货不足

如果现有存货数量无法满足客户需求,客户又不愿以替代品替代时,则应按照客户意愿与公司政策来决定处理方式。处理方式有以下四种。

1)过期交货。
2)重新分配存货。
3)删除订单上的不足额订货。
4)取消订单。

9.处理输出订单资料

订单资料经由上述处理后,即可开始打印一些出货单据,以展开后续的物流作业。出货单据主要有拣货单(出库单)、送货单、缺货资料,如表7-6所示。

表7-6 出货单据表

出货单据类别	说明
拣货单(出库单)	是拣货的依据,应配合拣货策略及拣货作业方式来加以设计。打印时应考虑商品储位,依储位前后相关顺序打印,以减少人员重复往返取货的次数,同时拣货数量、单位也要详细确认标识
送货单	物品配送交货时,通常附上送货单给客户清点签收。要确保送货单上的资料与实际送货相符,除出货前的清点外,对于出货单据的打印时间及一些订单异动情形,如缺货品项或缺货数量等也必须打印注明
缺货资料	库存分配后,对于缺货的商品或缺货的订单资料,系统应提供查询或报表打印功能,以便工作人员处理

10.改善订单处理过程

(1)运用先进的技术手段
1)采用先进的物流信息系统。
2)运用先进的数据录入技术。
3)运用电子订货方式传输订单。

(2)业务流程的重组和改善
1)并行处理、分批处理、交叉处理。
2)删除不增值工序。
3)减少等待时间。
4)在瓶颈处添加额外资源。

思考: 是不是所有物流企业的配送订单都必须按照上述作业流程处理?

7.1.2 备货

客户订单处理完成后,需要将信息传递给备货部门。备货是配送中心根据客户的需要,为配送业务的顺利实施而准备货物的一系列活动。就总体活动而言,备货包括制订进货作业计划、组织货源、货物接运、货物初检、卸货、货物的分类编号、货物验收、处理进货信息、改善备货作业等。

备货是配送的基本环节和基础工作,也是决定配送效益的关键环节。如果备货不及时或不合理,会降低配送的整体效益。备货的具体步骤如图7-2所示。

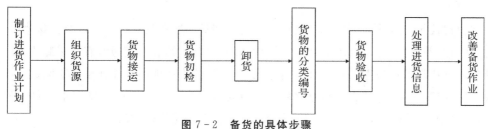

图7-2 备货的具体步骤

1. 制订进货作业计划

根据采购计划与实际的进货单据及供应商的送货规律与送货方式来制订进货作业计划,尽可能准确地预测到货时间,尽早做出卸货、储位、人力、物力等方面的计划和安排,保证整个进货流程的顺利进行,提高作业效率,降低作业成本。

2. 组织货源

如果生产企业直接进行配送,货源由生产企业自己组织。如果由专业配送企业配送,有两种情况:一是由提供配送服务的配送企业直接承担,通过向生产企业订货或购货完成此项工作;二是选择商流、物流分开的模式进行配送,订货、购货等工作由货主完成,配送企业只负责进货和集货工作,货物所有权属于货主。

3. 货物接运

货物接运的方式包括承运单位提货、铁路专用线接货、供货单位提货、供货单位送货到库、承运单位送货到库、过户、转库和零担到货等,如表7-7所示。

表7-7 货物接运方式

货物接运方式	说明
承运单位提货	到车站、码头、民航、邮局等地点提取货物
铁路专用线接货	仓库直接与铁路部门在库内进行货物交接的一种方式
供货单位提货	到生产厂和流通企业提取货物
供货单位送货到库	供货单位直接把货物送到仓库
承运单位送货到库	交通运输等承运部门受供货单位或货主委托送货到仓库
过户	存入仓库的货物通过购销业务使货物所有权发生转移,但仍要求储存于原处的一种入库业务
转库	因故需要出库,但未发生购销业务的一种入库形式,仓库凭转库单办理出入库手续
零担到货	各种形式的零担货物到库

4. 货物初检

接货人员或运输单位送货到库与仓库保管员办理内部交接时,仓库保管员必须先审核到货单,然后根据到货单,对货物进行初检。初检内容如下:外包装的标志与包装完好情况,大件数,外观质量完好情况,受潮、霉变和锈蚀情况。

仓库保管员收货后应在交接凭证上签收,若有货损、货差情况,应查对相应的凭据,收取货物。

5. 卸货

货物初检无误后,配送中心就要收货、卸货。卸货一般在收货站台上进行。送货方到指定地点卸货,并将抽样商品、送货凭证、增值税发票交验。卸货方式通常有人工卸货、输送机卸货和堆码托盘叉车卸货。卸货时如何把入库卸车、验收和堆码作业连续一次完成,即一次作业,对于减少作业环节、提高作业效率具有重要意义。一次作业应具备以下条件:采用抽验方法、采用地磅或轨道磅验收方法、采用行车配备电子磅作业方法。

为了促进开展一次作业,应建立相应的一次作业率指标进行考核。

$$一次作业率 = \frac{期内一次作业量}{期内吞吐总量} \times W_a + W_b = W$$

6. 货物的分类编号

货物的分类编号即将多种货物按其性质或其他条件逐次区分,分别归纳入不同的货物类别,并对货物进行编号,以提高作业效率。

不同类型的配送中心应考虑本企业的经营特点,选择不同的类型和标准对货物进行分类,如表7-8所示。

表7-8 配送中心类型及货物分类标准

配送中心的类型	货物分类标准
货运业配送中心	交易厂商、商品特性、车种、货物形态
制造商配送中心	商品特性、生产线、时间、货物形态
批发商配送中心	供应商、车种、商品特性、货物形态
零售商配送中心	商品特性、供应商、货物形态

7. 货物验收

(1)货物验收的基本要求

1)准确。严格按合同规定的标准和方法进行验收,认真校正和合理使用验收工具。

2)及时。及时验收有利于加快商品周转,不耽误索赔期。为加快验收,可采取以下措施:先小批,后大批;先易后难;先本地后外地。验收结束后及时签收。

3)严肃。严格按照仓库验收入库的业务操作程序进行货物验收。

(2)实物验收

实物验收包括外观质量验收、内在质量验收、数量验收、重量验收和精度验收。在商品入库交接后,应将商品置于待检区域,仓库管理员及时进行验收,并进行质量送检。

▶ **知识链接**

货物抽验比例以合同规定为准,合同未规定时,一般应考虑以下因素:商品价值、商品的性质、气候条件、运输方式和运输工具、厂商信誉、生产技术、储存时间。

1) 外观质量验收。外观质量验收主要采用看、听、摸、嗅等感官检验方法。

2) 内在质量验收。内在质量验收通常采用仪器检验法,即利用各种试剂、仪器和机械设备,对商品的规格、成分、技术标准等进行物理和生化的分析测定。内在质量验收通常由质检部门完成。

3) 数量验收。数量验收主要有三种方法:点件法、抽验法和检斤换算法,如表7-9所示。

表7-9 数量验收的方法

数量验收方法	说 明
点件法	逐件清点。一般用于散装的或非定量包装的商品
抽验法	按一定比例开箱点件的验收方法。适合批量大、定量包装的商品
检斤换算法	通过重量过磅换算该商品的数量。适合非定量、无包装的计重商品

4) 重量验收。货物的重量一般有毛重、皮重、净重之分。毛重是指包括包装重量在内的商品重量,净重是指商品本身的重量,通常所说的重量是指商品的净重。重量验收是否合格,是根据验收的磅差率与允许磅差率比较判断的。磅差是不同地区的地心引力差异、磅秤精度差异及运输损耗等因素造成的重量过磅数值的差异,如表7-10所示。

表7-10 金属允许磅差范围

品 种	有色金属	钢铁制品	钢材	生铁、废钢	贵金属
允许磅差率	±1‰	±2‰	±3‰	±5‰	±0‰

【例7-1】大通公司于2007年从钢厂购进的规格为12 mm的线材数量为39 t,经仓库验收为38.68 t,亏重为0.32 t,应如何处理?

解:
$$实际磅差率 = \frac{实收重量 - 应收重量}{应收重量} \times 100‰$$
$$= \frac{38.68 - 39}{39} \times 100‰$$
$$\approx -8‰$$
$$索赔重量 = (8‰ - 3‰) \times 39$$
$$= 0.195(t)$$

大通公司应向钢厂要求支付0.195 t钢材或相应的退款。

配送中心在重量验收过程中,要根据合同规定的方法进行。但需要注意的是,入库与出库必须用相同的方法进行检验,避免人为因素造成的磅差,即进出库货物检验方法一致性原则。

5) 精度验收。精度验收主要包括仪器仪表精度和金属材料尺寸精度检验两个方面。仪器仪表精度检验,除简易的指标在仓库验收时检验外,一般由质检部门或厂方负责检验,仓库免检。金属材料尺寸精度检验则是仓库的一项十分重要的工作。

金属材料的尺寸包括公称尺寸和实际尺寸两种,其相关名词如表7-11所示。

表 7-11　金属材料的相关名词

名　词	说　明
公称尺寸	国家标准中规定的名义尺寸,即在生产过程中希望得到的理想尺寸
实际尺寸	在验收中直接测得的长、宽和直径的尺寸
尺寸精度	实际尺寸变化所达到的标准公差的等级范围
偏差	实际尺寸和公称尺寸之间的差数。实际尺寸小于公称尺寸,称为负偏差;实际尺寸大于公称尺寸,称为正偏差
公差	尺寸允许的误差

6)进口货物的检验。进口货物的检验比国内货物的检验更严格。国家规定进口货物的验收内容和方法原则上与国内货物相同,但下列四项内容与国内货物验收是有区别的。

①按照订货合同验收。到库货物及其资料必须与订货合同相一致,货物的质量、包装必须符合合同规定。订货合同、技术资料、各项证件与到货核对完全相符后方可进行验收。入库单和资料不齐不得验收。

②数量要全验。进口货物原则上要全验,但对到货规格整齐、包装完整或因批量大、打开包装对销售与保管不利的,可以抽验10%～20%,抽验合格,按正常手续验收入库。

③按合同规定的计量方法计重。进口货物要严格按照合同规定的方法计算重量。

④按商检规定检验外观质量。在检验过程中发现有外观缺陷时,要扩大抽验率,如为20%～30%,以最后检验结果作为判断依据。

通过验收,若发现存在数量短缺、外观缺陷等问题,由仓库负责填写验收记录单和明细对照码单等,并将其交给货主,再由货主报商检部门复验之后出证索赔。

7)商品验收中发生的问题的处理。在货物检验过程中会产生许多问题,应区别不同情况给予及时处理。同时,验收中发现问题、等待处理的货物,应该单独存放,妥善保管,防止混杂、丢失、损坏。

①数量方面的问题。数量短缺在误差规定范围内的,可按原数入账。数量短缺超过误差规定范围的,应做好验收记录,填写磅码单,交主管部门会同货主与供货单位交涉。在结案前不准动用,结案后才能办理入库手续。实际数多于原货物的,可由主管部门向供货单位退回多发数或补发货款。

凡承运部门造成的商品数量短缺、外观破损等,应凭接运时索取的货运记录向承运部门索赔。

②质量方面的问题。凡货物质量不符合规定要求时,应及时向供货单位办理退货、换货。货物规格不符或错发时,应将情况制成验收记录交给主管部门办理退货。凡有关证件已到库,但在规定时间内货物尚未到库,应及时向存货单位反映,以便查询处理。

对货物验收中的具体问题,可以书面形式通知货主或发货方,要求查明情况进行处理,可采用货物溢余、短缺、破损查询单的形式。

③货物资料方面的问题。凡必要的证件不齐时,应作为待验商品处理,放在待验区,等证件到齐后进行检验。供货单位提供的质量证书与存货单位的入库单、合同不符时,通知存货单位,按照存货单位提出的解决办法处理。若发生无进货合同、无任何进货依据,但运输单据上却标明本库为收货人的商品的情况时,仓库收货后应及时查找该货的产权部门,并主

动与发货人联系,作为待处理商品,不得动用。按其现状做好记载,等查清后做出处理。

④凡有价格不符,应按合同规定价格的承付,对多收部分应予拒付。若总额计算错误,应通知供货单位更正。

⑤进口商品出现差错后,如缺少必要的单证技术资料,应分别向有关外贸公司和外运公司索取,并保留好商品原包装,以便商检局复验出证和向外办理索赔手续。

8. 处理进货信息

货物验收完毕,必须对进货信息进行处理。

(1)录入货物信息

货物经验收确认后,必须填写验收单,并将有关入库货物的信息及时准确地录入库存货物信息系统,以便及时更新统计库存货物的数量,然后把相关资料记录下来。验收单如图7-3所示。

验收单								
供货商		采购订单号				验收员		
运单号						验收日期		
运货日期			到货日期			复核员(日期)		
序号	储位号码	商品名称	商品规格型号	商品编码	包装单位	应收数量	实收数量	备注

图7-3 验收单

入库货物信息通常包括以下内容:

1)商品的一般特征,通常包括货物名称、规格、型号、包装单位、包装尺寸、包装容器及单位重量等。

2)货物的原始条码、内部编号、进货入库单据号码及货物的储位。

3)货物的入库数量、入库时间、进货批次、生产日期、质量状况、货物单价等。

4)供应商信息,包括供应商名称、编号、合同号等。

(2)搜集和处理辅助信息

1)货物的一般特征和数量分布。

2)货物的包装尺寸、容器、单重的分布状况。

3)每一段时期内进货批次的分类。

4)卸货方法及所需时间。

5)货物入库的场所。

9. 改善备货作业

备货作业的改善方法有以下几种。

1)组织货源的流程合理。

2)构建供应链,建立战略伙伴关系。

3)与 MRP(material requirement planning,物资需求计划)系统相结合的备货方式。

4)以 JIT(准时制生产)方式为主的备货方式。

▶小组模拟训练

1.订单处理软件实训

(1)训练目标

熟练使用相应设备接受客户订单,如软件、传真、EDI 等,熟练使用相应软件进行客户订单的处理。

(2)岗位角色

将全班学生分组,每组 3~6 人。

(3)训练内容

1)通过软件、传真、EDI 接收订单。

2)在物流软件中完成配送订单的处理。

(4)训练步骤

1)通过软件、传真、EDI 接收订单。

2)选择"订单管理"—"订单录入"—"新增一个配送订单"—"提交复核"选项,提交给财务人员复核费用。

3)配送调度。给配送的运单指定运力,打印取派通知单给货运员或司机。

4)配送操作。进入配送操作界面,对配送车辆进行出入场站的扫描。

5)配送签收。在配送作业中确认签收录入。

6)教师点评,并为各小组评分。

(5)注意事项

1)准备客户订单、计算机、WMS(仓库管理系统)软件。

2)小组成员要相互配合,充分发挥团队精神。

3)遵守纪律,听从指挥,表现出良好的综合素质。

(6)考核标准

考核评分表如表 7-12 所示。

表 7-12 考核评分表

考评人		被考评人	
考评地点		考核时间	
考评内容	订单处理软件实训		
考评标准	具体内容	分值	实际得分
	通过软件、传真、EDI 接收订单是否正确	25	
	订单处理是否正确	35	
	是否遵守纪律,听从指挥	20	
	是否团结协作	20	
合计		100	

2. 订单处理与备货实训

(1)训练目标

灵活地运用所学知识,解决实际问题,掌握业务流程图的绘制方法。

(2)岗位角色

将全班学生分组,每组5~8人。

(3)训练内容

解答本节"案例导入"提出的问题。

(4)训练步骤

1)小组搜集资料。

2)小组讨论。

3)小组完成作业并制作PPT课件。

4)各小组进行作品展示。

5)教师点评,并为各小组评分。

(5)注意事项

1)查询相关资料要准确。

2)小组成员要相互配合,认真回答问题。

3)遵守纪律,听从指挥,表现出良好的综合素质。

(6)考核标准

考核评分表如表7-13所示。

表7-13 考核评分表

考评人		被考评人	
考评地点		考核时间	
考评内容		订单处理与备货实训	
考评标准	具体内容	分值	实际得分
	业务流程图是否正确	30	
	优化的流程是否正确	20	
	PPT制作是否精美	15	
	作业的讲解效果	20	
	问题的回答情况	15	
	合计	100	

7.2 拣货与配货作业

▶学习目标

知识目标:掌握拣货作业流程、方法和策略,掌握补货的方式和时机,了解配货的流程。

技能目标:能根据订单的特点选择不同的分拣方法,能制作分拣订单并进行分拣作业,熟练使用拣货设备进行高效率拣货、理货,能选择合适的补货方式进行补货。

素质目标:树立客户第一的服务理念,培养效率意识、责任意识和安全意识。

▶ 案例导入

某连锁企业物流配送中心接到甲、乙、丙、丁等不同零售商的送货要求:甲零售点要求为其配送 50 盒 500 g 装吉百利美味缤纷怡口莲、20 盒礼品装中老年型黄金搭档、10 盒 750 mL×2 装丰收干红礼盒、100 瓶 120 g 装丁家宜泡沫洁面乳和 200 袋京式臭豆腐;乙销售点要求为其配送 100 盒 500 g 装吉百利美味缤纷怡口莲、10 盒 750 mL×2 装丰收干红礼盒和 50 包 100 支装黄爷槟榔;丙销售点要求为其配送 30 盒礼品装中老年型黄金搭档、100 瓶 120 g 装丁家宜泡沫洁面乳、50 包 100 支装黄爷槟榔;丁销售点要求为其配送 100 袋京式臭豆腐、200 盒 105 g 装佳洁士牙膏、100 瓶 200 mL 飘柔营养人参沐浴液。所有货物需要在 3 月 21 日 16 时之前准备出库,物流经理通知配送物流员组织做好各种商品的拣选工作。

问题:什么是拣货?拣货方式有哪些?如果你是物流经理,你将如何安排这项拣货作业?制作拣货单,并根据实际情况,完成拣货。

7.2.1 拣货作业

拣货作业是指根据客户的订货要求或配送中心的作业计划,将货物从保管处拣取出的作业过程。

1. 拣货作业流程

拣货作业流程如图 7-4 所示。

图 7-4 拣货作业流程

(1)形成拣货资料

拣货作业开始前,首先要处理拣货指示信息。虽然有时拣货作业可以根据客户的订单或公司的交货单直接进行拣货,但是,此类传票在拣货过程中容易受到污损,从而造成拣货错误率上升。因此,随着配送中心信息化水平的提高,大多数拣货方式是将原始传票转换成拣货单或电子信号,以便使拣货员更有效地作业。

(2)选取拣货方法

在选取拣货方法时,需要从多方面对其进行确认。例如,在确定每次分拣的订单数量时,可以对订单进行单一分拣,也可以进行批量分拣;在人员分配上,可以采用一人分拣法,也可以采用数人分拣或分区分拣;在确定货物分拣单位时,可以按要求进行以托盘、整箱或单件为单位的分拣;在人货互动上,可以采取人员固定、货物移动的分拣方法,也可以采用货物固定、人员行走的分拣方法;在配货作业方法上,可以采取"摘取方式"或"播种方式"等。

(3)选择拣货路径

不同层次的单品(小件商品、箱装商品、托盘装商品)要采用不同的拣货路径,通常有以下两种类型的路径可供选择。

1)无顺序的拣货路径。无顺序的拣货路径就是由拣货人员自行决定在配送中心的各通道拣货的方式。由于拣货员完成一批订单可能要在同一条路径上行走两次,增加行走里程,而且手动拣货易使拣货员产生疲劳,拣货员还要花大量时间来寻找货物所在的位置。因此,这种拣货路径效率较低。

2)顺序拣货路径。顺序拣货路径是指按产品所在货位号的大小从储存区域的入口到出口顺序来确定拣货路径,这是一种最为常用的拣货路径。按这种拣货路径,拣货人员首先拣取储存区域内某一通道上所需要的货物,拣货人员从通道的一端向另一端行进时,下一个要拣出的货物的货位离上一个最近,这样走完全程就一次性把所有货物拣出。按这种拣货路径拣货的优点是缩短了拣货员的拣货时间和拣货里程,减少疲劳和拣货误差,提高了拣货效率。

(4)搬运或行走

1)人至物的方式,主要移动方为拣取员,可能是人,也可能是机器,即拣货员利用步行或拣货车辆至货物储存区,即货物处于静态的储存方式(如轻型料架)。

2)物至人的方式,主要移动方为货物,即拣货员处于静态状态,在固定位置作业,而货物为动态的储存方式,如旋转自动仓储。

(5)拣货

拣货包括拣取与确认动作两部分,拣取是抓取货物的动作,确认动作的目的是确定拣取的货物及其数量是否与指示拣货的信息相同,它可能由拣取员直接比对,也可能通过计算机进行比对。

(6)分货与集中

配送中心收到多个客户的订单后,可以批量拣取。拣取完后再根据不同的用户或送货路线分货集中,有些需要进行流通加工的货物还需要根据加工方法进行分货,加工完成后,再按一定方式分货出货。

2. 拣货作业的分类

1)人工分拣,指人力或利用简单的机械器具将所需要的货物分拣并搬运到指定的地点。

2)机械分拣,主要以机械工具输送,但也需要人工拣选。该方法使用的机械有输送机、输送带等。

3)自动分拣,指利用自动分拣系统实现自动分拣。

3. 拣货方法

(1)按订单拣取

按订单拣取(摘果法)是针对每一份订单,分拣人员按照订单所列商品及其数量,将商品从储存区域或分拣区域拣取出来,然后集中在一起的拣货方式。

1)特点:按订单拣取作业方法简单,接到订单可立即拣货,作业前置时间短,作业人员责任明确。但对于商品品项较多时,拣货行走路径加长,拣取效率较低。

2)适用场合:按订单拣取适合订单大小差异较大,订单数量变化频繁,商品差异较大的情况,如化妆品、家具、电器、百货、高级服饰等。

(2)批量拣取

批量拣取(播种法)是将多张订单集合成一批,按照商品品种类别汇总后再进行拣货,然后依据不同客户或不同订单分类集中拣货的拣货方式。

1)特点:批量拣取可以缩短拣取商品时的行走时间,增加单位时间的拣货量,但由于订单需要积累到一定数量时,才做一次性的处理,会有停滞时间产生。

2)适用场合:批量拣取适合订单变化较小、订单数量稳定的配送中心,以及外形较规则、固定的商品出货;需进行流通加工的商品也适合批量拣取,再批量进行加工,然后分类配送,有利于提高拣货及加工效率。

(3) 复合拣取

为克服按订单拣取和批量拣取方式的缺点,配送中心可以采取按订单拣取和批量拣取组合起来的复合拣取方式,即复合拣取。

1)特点:兼具按订单拣取和批量拣取的特点。

2)适用场合:复合拣取即根据订单的品种、数量及出库频率,确定哪些订单适用于按订单拣取,哪些适应于批量拣取,分别采取不同的拣货方式。

4. 拣货策略

拣货策略是影响拣货作业效率的关键,主要包括分区、订单分割、订单分批、分类四个因素,这四个因素相互作用可产生多个拣货策略。

(1) 分区

分区是指将拣货作业场地进行区域划分,主要的分区原则有以下三种。

1)按拣货单位分区。例如,将拣货区分为箱装拣货区、单品拣货区等,基本上这一分区与存储单位分区是相对应的,其目的是将存储与拣货单位分类统一,以便拣取与搬运单元化。

2)按物流量分区。按物流量分区是按各种货物出货量及拣取次数进行分类,再根据各组群的特征,决定合适的拣货设备及拣货方式。这种分区方法可以减少不必要的行走,提高拣货效率。

3)按工作分区。按工作分区是指将拣货场地划分为几个区域,由专人负责各个区域的货物的拣选。这种分区的方法有利于拣货人员记忆货物存放的位置,熟悉货物种类,缩短拣货所需时间。

(2) 订单分割

当订单所订购的商品种类较多,或设计一个要求及时快速处理的拣货系统时,为了能在短时间完成拣货处理,需要将一份订单分割成多份子订单,交给不同的拣货人员同时进行拣货。要注意的是订单分割要与分区原则结合起来,才能取得较好的效果。

(3) 订单分批

订单分批是指将多张订单集中起来进行批次拣取的作业。订单分批的方法如下:

1)按照总合计量分批,是指在拣货作业前将所有订单中的订货量按货物种类进行累计,然后按累计的总量进行拣取的方式,其优点是可以缩短拣取路径。

2)按时窗分批,是指在存在紧急订单的情况下可以开启短暂而固定的5或10分钟的时窗,然后将这一时窗的订单集中起来进行拣取的方式。这一方式非常适合处理到达间隔时间短而平均的订单,常与分区及订单分割联合运用,不宜拣取订购量大及品种过多的订单。

3)固定订单量分批。在这种分批方法下,订单按照先到先处理的原则,积累到一定量后即开始拣货作业。这种分批方法可以维持较稳定的作业效率。

4)智能型分批,是指订单被输入计算机后,将拣取路径相近的各订单集合成一批的方法。这种方法可以有效地减少重复行走的距离。

(4)分类

如果采用分批拣货策略,还必须明确相应的分类策略。分类的方法主要有两种:一种是在拣取货物的同时将其分类到各订单中;另一种是集中分类,先批量拣取,再分类,既可以利用人工集中进行分类,也可以利用自动分类机进行分类。

以上四类拣货策略因素既可以单独或联合运用,也可以不采用任何策略,直接按订单拣选。

5. 拣选设备

1)叉车、货架拣选系统。商品入库时使用旋转侧移式叉车将整托盘商品放至高层货架上,拣货时用拣选叉车深入货架,拣选叉车的货叉上设置载人和载货平台,操作人员在平台上操纵叉车,到达一定的货格位置,人工拣货,把商品搬到平台的托盘上。

2)拣选重力式货架。拣选重力式货架是一种轻型的重力货架,高度便于人手可取。拣选人员在货架前面拣货,开箱拆零,当第一箱商品取完后,拿走空箱,后面一个箱子自动向前移动补充。

3)电子标签拣选系统。拣选货架与计算机配套使用构成电子标签拣选系统。在重力货架的每一货格上安装电子数字显示器,将客户订货单输入计算机后,供货指示灯和数字显示器立即显示出所需商品在货架的具体位置和数量,操作人员只要按指令取货即可。几个人可同时作业,实现"无单拣选",结算、抄单和库存管理均由计算机系统完成。

4)自动拣货系统。将电子信息输入自动拣货系统后,系统可自动完成拣货作业,无须人工作业。

6. 补货

为了保证拣货区有货,需要从保管区域将货品移到按订单拣取的动管拣货区域,然后将此迁移作业做库存信息处理。补货作业即从保管区把货品搬运到另一个拣货区的工作,补货作业流程如图7-5所示。

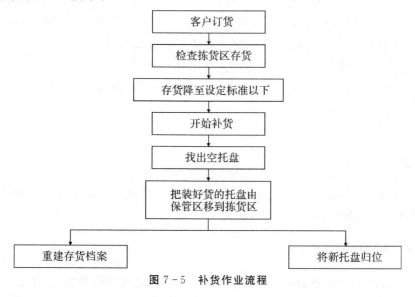

图7-5 补货作业流程

(1) 补货方式

补货作业的目的是确保商品能保质保量按时送到指定的拣货区,所以补货作业的筹划必须满足两个前提,即"确保有货可配"和"将待配商品放置在存取都方便的位置"。通常,配送中心主要采用以下三种补货方式。

1) 整箱补货,即由货架保管区补货到流动货架的拣货动管区。这种补货方式的保管区为货架储存,动管拣货区为两面开放的流动货架拣货区,拣货员拣货后把货物放入输送机并运到发货区。当动管拣货区存货低于设定的标准时,则进行补货作业。这种补货方式由作业人员到货架保管区取货箱,用手推车运载货箱到动管拣货区。这种方式较适用于体积小且少量多样出货的货品。

2) 托盘补货,指以托盘为单位进行补货,把托盘由地板堆放保管区运至地板堆放动管区。拣货时把托盘上的货箱置于中央运送机送至发货区。当存货量低于设定标准时立即补货。用堆垛机把托盘由保管区运至动管拣货区,也可以把托盘运到货架动管区进行补货。这种方式适用于体积大、出货量大的货品。

3) 货架上层—货架下层补货,即将货架的上层作为保管区,下层作为动管区,商品由上层货架向下层货架补货。当动管区的存货低于设定标准时,利用堆垛机将上层保管区的货物搬移至下层动管区。这种方式适用于体积不大、存货量不高,且多为中小量出货的货物。

(2) 补货时机

补货作业发生与否主要根据动管区的货物存量是否符合需求而定,因此何时补货要根据动管区的存量而定,以避免出现在拣货中途发现动管区货量不足需要补货的情况,甚至造成影响整个拣货区作业的情况。通常,补货时机有以下三种。

1) 批次补货,即在拣取每天的每一批次货之前,经计算机计算所需货品的总拣取量,再查看动管拣货区的货品量,计算差额并在拣货作业开始之前一次性补足货品。这种"一次补足"的补货原则,比较适合于一天内作业量变化不大、紧急插单不多,或是每一批次拣取量大、事先掌握的情况。

2) 定时补货。将每天划分为若干个时段,补货人员在各个时段内检查动管拣货区货架上的货品数量,如果发现动管拣货区存量少于设定标准,便立即补货。这种"定时补足"的补货原则较适合于分批拣货、时间固定,且紧急处理情况较多的配送中心。

3) 随机补货。随机补货是一种指定专人从事补货作业的方式,这些补货人员随时巡视动管拣货区的存货量,当发现动管拣货区存货量少于设定标准时,随时补货。这种"不定时补足"的补货原则,较适合每批次拣取量不大、紧急插单较多,以至于一天内作业量不易事前掌握的情况。

7. 拣货作业的改善

物流的高科技(自动分拣机、自动化立体仓库、信息处理及通信自动化等)在配送中心的广泛应用,有益于配送中心拣货作业的改善。

7.2.2 配货作业

配货作业是指把分类拣取完成的货物按订单或配送路线进行分类,经过配货检查后,装入容器或进行捆包,刷制和贴印相应的标识,再运到配货准备区,待装车后发送。配送中心的作业计划是将货物从保管处拣取出来的作业过程。配货作业流程如图7-6所示。

1. 拣货

拣货是指依据客户的订货要求或仓储配送中心的送货计划,尽可能迅速地将商品从其储存位置或其他区域拣取出来的作业过程。拣取过程可以分为人工拣货、机械拣货、半自动拣货和全自动拣货。

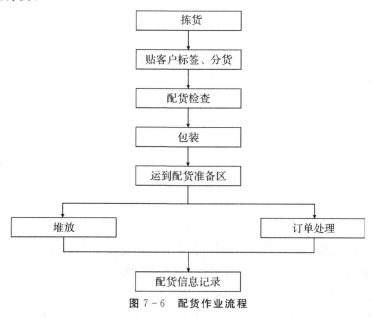

图7-6 配货作业流程

2. 贴客户标签、分货

贴客户标签是指把印有客户名称、地点、所需商品、数量等信息的标签贴在用于配货的货箱上的工作。分货就是把拣货完毕的商品按不同用户或配送路线进行分类的工作。分货方式一般有以下几种。

(1)人工分货

人工分货是指所有分货作业过程全部由人工根据订单或其他传递的信息进行,而不借助任何计算机或自动化的辅助设备。

(2)自动分类机分货

自动分类机分货是指利用计算机和自动分拣系统完成分货工作,这种方式不仅快速省力,而且准确,尤其适用于多品种、业务繁忙的配送中心。

(3)旋转架分货

旋转架分货是将旋转架的每一格位当成客户的出货框,分类时在计算机中输入各客户的代号,旋转架即会自动将货架转至作业人员面前。

3. 配货检查

配货检查是指根据用户信息和车次对拣送物品进行商品号码和数量的核实,以及对产品状态、品质的检查。分类后需要进行配货检查,以保证发运前的货物品种、数量、质量无误。

配货检查比较原始的做法是人工检查,即将货品一个个点数并逐一核对出货单,进而查验配货的品质及状态情况。目前,配货检查常用的方法有以下几种。

(1)商品条形码检查法

商品条形码检查法是指导入条形码,条形码是随货物移动的,检查时用条形码扫描器阅读条形码内容,计算机再自动将扫描信息与发货单对比,从而检查商品数量和号码是否有误。

(2)声音输入检查法

声音输入检查法是指当作业人员发声读出商品名称、代码和数量后,计算机接收声音并自动判识后转换成资料信息与发货单进行对比,从而判断是否有误。此方法的优点在于作业人员只需读出资料,可同时做其他工作,自由度较高,缺点是声音发音要准确,且每次发音字数有限,否则计算机辨识困难,可能产生错误。

(3)重量计算检查法

重量计算检查法是指把货单上的货物的重量相加,再与货物的总重量相对比,以此来检查发货是否正确的方法。

4. 包装

配货作业中的包装主要是指物流包装,其主要作用是保护货物并将多个零散包装物品放入大小合适的箱子中,以实现整箱集中装卸、成组化搬运等,同时减少搬运次数,降低货损,提高配送效率。另外,包装也是产品信息的载体,通过在外包装上书写产品名称、成分、重量、生产日期、生产厂家、产品条形码、储运说明等,可以便于客户和配送人员识别产品,进行货物的装运。通过扫描包装上的条形码还可以进行货物跟踪,配货人员可以根据包装上的装卸搬运说明对货物进行正确操作。

5. 运到配货准备区

将配货完毕的商品用搬运设备运到指定配货准备区。

6. 堆放、订单处理

将运到指定配货准备区的商品进行堆码、存放,并根据配货日程按照先后顺序进行订单处理。

7. 配货信息记录

发货后做好相关记录,以便货主办理结算手续。

▶ 小组模拟训练

1. 拣货实训

(1)训练目标

掌握拣货知识,能正确安排拣货作业。

(2)岗位角色

将全班学生分组,每组 6~8 人。

(3)训练内容

解答本节"案例导入"提出的问题。

(4)训练步骤

1)将"案例导入"转换成拣货单或电子信号,形成拣货资料;选取拣货方法;确定拣货路径;搬运或行走;进行拣货、集货和分货。

2)以小组为单位完成作业,并制作 PPT 课件。

3)分小组进行作品展示。

4)教师点评,并为各小组评分。

(5)注意事项

1)准备拣货单、拣货设备、计算机。

2)小组成员要相互配合,充分发挥团队精神。

3)遵守纪律,听从指挥,表现出良好的综合素质。

(6)考核标准

考核评分表如表 7-14 所示。

表 7-14 考核评分表

考评人		被考评人	
考评地点		考核时间	
考评内容		拣货实训	
考评标准	具体内容	分值	实际得分
	案例分析情况	20	
	制作拣货单情况	15	
	拣货任务完成情况	25	
	PPT 制作是否精美	20	
	作业的讲解效果	10	
	问题的回答情况	10	
	合计	100	

2. 拣货、补货实训

(1)训练目标

1)掌握摘果式、播种式及补货作业的方法。

2)能独立进行摘果式、播种式及补货作业。

(2)岗位角色

将全班学生分组,每组 6~8 人。

(3)训练内容

1)摘果式、播种式作业。

2)补货作业。

(4)训练步骤

1)摘果式、播种式实训。

①摘果式(电子拣选作业):在WMS系统中输入电子拣选单,根据电子标签提示,拣选货品至周转箱,把周转箱送入打包或加工作业区。

②播种式(小件分拣作业):登录智能拣货台车显示终端后,用拣货台车上自带的扫描枪扫描拣选单,终端上显示当前拣选单的拣选任务,将拣选单对应的装箱单分别放入拣货台车的货格内,根据拣选任务提示,将货品从相应货位拣出,然后利用扫描枪扫描货品条形码,拣货台车相应货格上的电子标签亮起,根据拣货台车上电子标签的指示将货品分播到相应的货格,全部拣货完毕后运至复核打包区。

2)补货作业实训。

①补货任务生成:信息员在WMS中按补货任务单的要求,生成补货任务。

②补货作业:利用RF手持终端下载补货指令,利用堆高车将托盘从相应货位取出,扫描确认货位地址后,将托盘运至托盘货架交接区;利用手动搬运车将托盘运至补货缓冲区,根据RF手持终端的提示,从补货作业通道将货品拆零补货至对应的货位上,回收空纸箱。

3)教师点评,并为各小组评分。

(5)注意事项

1)准备拣货单、拣货设备、计算机。

2)小组成员要相互配合,充分发挥团队精神。

3)遵守纪律,听从指挥,表现出良好的综合素质。

(6)考核标准

考核评分表如表7-15所示。

表7-15 考核评分表

考评人		被考评人	
考评地点		考核时间	
考评内容		补货实训	
考评标准	具体内容	分值	实际得分
	拣货任务完成情况	30	
	补货任务完成情况	25	
	团队协作情况	25	
	是否遵守纪律,听从指挥	20	
	合计	100	

7.3 送货与退换货作业

▶学习目标

知识目标:掌握送货和退换货作业的流程及业务内容,了解送货作业的特点和退换货原因。

技能目标：能够熟练处理送货和退换货业务。

素质目标：树立客户第一的服务理念，培养效率意识、成本意识和责任意识。

▶ 案例导入

1.某仓库某次需运送水泥和玻璃两种货物，水泥的质量体积为 0.9 m^3/t，玻璃的质量体积为 1.6 m^3/t，计划使用车辆载重量为 11 t，车厢容积为 15 m^3。

问题：如何装载使车辆的载重量能力和车厢容积都被充分利用？

2.美国密苏里州西北部和堪萨斯州东北部的商店有 2 500 箱 2 L 装的瓶装百事可乐被退回，原因是 2 L 装的瓶子密封不严，致使泡沫数量不符合标准要求。发现问题后，百事可乐总公司快速行动，在报告食品和药物管理部门的同时，立即派遣 90 名销售人员到受影响的商店撤回产品，并借助网络、报纸和电台向顾客解释缘由。

问题：退货的原因是什么？退换货是难以避免的吗？如何进行退换货管理？

7.3.1 送货作业

1.送货作业流程

送货作业是利用配送车辆将用户订购的物品从制造厂、生产基地、批发商、经销商或配送中心，送到用户手中的过程。送货作业流程如图 7-7 所示。

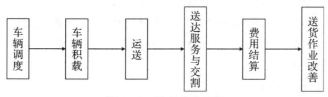

图 7-7 送货作业流程

（1）车辆调度

货物配好以后，就要分配任务进行运输调度与装卸作业，即根据配送计划所确定的配送货物数量、特性、服务客户地址、送货路线、行驶趟次等计划内容，指派车辆与装卸、运送人员，下达运送作业指示和车辆配载方案，安排具体的装车与送货任务，并将发货明细单交给送货人员或司机。

送货人员必须完全根据调度人员的送货指示（出车调派单）来执行送货作业。当送货人员接到出车指示后，将车辆开到指定的装货地点，然后与保管、出货人员清点分拣配组好的货物，由装卸人员将已理货完毕的商品配载上车。

（2）车辆积载

车辆积载是指配送中心对货物进行装车调配、优化处理，达到提高车辆在容积和载货两方面的装载效率，进而提高车辆运能运力的利用率，降低配送运输成本。

1）影响配送车辆积载的因素。

①货物特性因素。如轻泡货物，由于车辆容积的限制和运行限制（主要是超高），而无法充分利用吨位，造成吨位利用率降低。

②货物包装情况。例如，车厢尺寸不与货物包装容器的尺寸成整倍数关系，则无法装满

车厢。

③不能拼装运输。应尽量选派核定吨位与所配送的货物数量接近的车辆进行运输,或按有关规定,必须减载运行。例如,有些危险品必须减载运送才能保证安全。

④装载技术的原因造成不能装足吨位。

2) 车辆配送积载的原则。

①轻重搭配的原则。车辆装货时,必须将重货置于底部,轻货置于上部,避免重货压坏轻货,并使货物重心下移,从而保证运输安全。

②大小搭配的原则。货物包装的尺寸有大有小,为了充分利用车厢的内容积,可在同一层或上下层合理搭配不同尺寸的货物,以减少箱内的空隙。

③货物性质搭配的原则。拼装在一个车厢内的货物,其化学性质、物理性质不能互相抵触。例如,不能将散发臭味的货物与具有吸臭性的食品混装,不将散发粉尘的货物与清洁货物混装。

3) 车辆积载应注意的事项。

①到达同一地点的适合配装的货物应尽可能一次积载。

②确定合理的堆码层次及方法。堆码层次及方法可根据车厢的尺寸、容积和货物外包装的尺寸来确定。

③装载时不允许超过车辆所允许的最大载重量。

④装载易滚动的卷状、桶状货物时,要垂直摆放。

⑤货与货之间、货与车辆之间应留有空隙并适当衬垫,防止产生货损。

⑥装货完毕,应在门端处采取适当的稳固措施,以防开门卸货时,货物倾倒造成货损。

⑦尽量做到"后送先装"。

4) 提高车辆积载效率的具体办法。

①研究各类车厢的装载标准,根据不同货物和不同包装体积的要求,合理安排装载顺序,努力提高装载技术和操作水平,力求装足车辆核定吨位。

②根据客户所需要的货物品种和数量,调派适宜的车型承运,这就要求配送中心根据经营商品的特性,配备合适的车型结构。

③凡是可以拼装运输的,尽可能拼装运输,但要注意防止出现差错。

箱式货车有确定的车厢容积,车辆的载货容积为确定值。设车厢容积为 V,车辆载重量为 W。现要装载质量体积为 R_a、R_b 的两种货物,使车辆的载重量和车厢容积均被充分利用。设两种货物的配装重量为 W_a、W_b,相关计算公式为

$$W_a + W_b = W$$

$$W_a \cdot R_a + W_b \cdot R_b = V$$

$$W_a = \frac{V - W \cdot R_b}{R_a - R_b}$$

$$W_b = \frac{V - W \cdot R_a}{R_b - R_a}$$

【例 7-2】南仓仓库运输 a、b 两种货物,a 货物质量体积为 $0.9 \text{ m}^3/\text{t}$,b 货物质量体积为 $1.4 \text{ m}^3/\text{t}$,计划使用的车辆载重量为 12 t,车厢容积为 14 m^3。如何装载才能使车辆的载重

能力和车厢容积都能得到充分利用?(保留一位小数)

解: 设装 a 货物 W_at, b 货物 W_bt。其中, $V=14$ m³, $W=12$ t, $R_a=0.9$ m³/t, $R_b=1.4$ m³/t, 则

$$W_a = \frac{V - W \cdot R_b}{R_a - R_b} = (14-12\times 1.4)/(0.9-1.4) = 5.6 \text{ t}$$

$$W_b = \frac{V - W \cdot R_a}{R_b - R_a} = (14-12\times 0.9)/(1.4-0.9) = 6.4 \text{ t}$$

可知,应装 a 货物 5.6 t, b 货物 6.4 t, 才能使车辆的载重能力和车厢容积都能得到充分利用。

(3) 运送

运送是指根据配送计划所确定的最优路线,在规定的时间内准确地将货物运送到客户手中。在运送过程中,可以通过 GPS 等方式,加强对运输车辆的考核与管理。

(4) 送达服务与交割

当货物送达要货地点后,送货人员应协助收货单位将货物卸下车,放到指定位置,并与收货单位的收货人员一起清点货物,做好送货完成确认交割工作(送货签收回单)。同时,请客户填写好配送质量跟踪表(见图 7-8)。若有退货、调货的要求,则应将退调商品随车带回,并完成有关单证手续。

×××配送运输质量跟踪表		
发送时间: 年 月 日		
_____客户经营部: 我公司承担_____配送业务,我们对质量的承诺是安全准确、文明储运、优质高效、客户至上。为了实现上述承诺,不断改进服务质量,恳请贵经营部真实填写以下栏目:		
送货汽车车号		
送货人员服务态度	好□ 一般□	差□
送货汽车车况	好□ 一般□	差□
装载是否合理	是□	否□
送达货物的品名、规格、数量是否与送货清单相符	是□	否□
到货是否准时	是□	否□
货物污染、淋湿、破损情况及程度		
在哪些方面还需改进,请提宝贵意见		
填表人:	填表时间: 年 月 日	

图 7-8 某企业配送运输质量跟踪表

(5) 费用结算

送货人将货物送完后,到销单处进行销单时,由送货人将结算联与客户回执联按顺序逐一摆放,并在客户回执联与结算联上签上所属的运输公司名称、车号,若送货车为个人车辆,则需要在结算联与客户回执联上签上"个人"等字样及车号。送货地点若是远郊或近郊,都需要在结算联上标注清楚。

送货人交单时,销单员需认真核对结算联与客户回执联,核对型号是否相符,客户是否在回执联上签收客户本人的姓名、货收几件、"外观无损"等字样。经核对无误后,送货人与销单员交接单据,交接时需注明当天日期、送货人所属公司(个人)名称、车号、件数及送货人

签名。销单完毕后,待送货人取派工单时,需由送货人在交接本上注明接单日期及姓名,此交接本需妥善保管,以备留查。

销单结束后,销单员将送货结算联交财务部门结算,并将客户回执联按日期放入单据柜,由销单员装订成册,并妥善保管,以备留查。

(6)送货作业改善

1)车辆装载合理化。车辆装载合理化是指配送中心通过装配配运管理优化系统,采用计算机系统进行优化。系统通过对货品属性、载货量、货物重量、体积、车辆类型等参数进行综合运算,提出最优的装载方案。这样优化的结果要比人工计算方法有更多的优点,结果更准确,速度更快。

2)运输合理化。

①选择最佳的运输路线。装配运输线路优化系统,该系统以 GIS 为辅助平台,集先进的图形、图像处理技术、数据技术、可视化技术于一体,以区域电子地图为基础地理信息系统来源,同时与车辆的动态数据库、运输任务的动态数据库相连接(例如,通过 GPS 实时采集车辆位置的数据),根据科学的最优路径算法,提出车辆运输路线的最优方案。

②在不增加车辆的情况下增加运量。例如,汽车挂车、船舶拖带、列车加挂车皮等,在充分利用动力能力的基础上,可增加运输能力。

③采取直达运输。通过减少中转过载换载,从而提高运输速度,节省装卸费用,降低中转货损。

④采用直拨运输。直拨运输是减少中转运输环节,以最少的中转次数完成运输任务的一种形式。直拨运输就是尽量就厂、就库、就站(码头)、就车(船)将货物分送给客户,而无须先入库。

3)认真对待问题。认真分析送货中出现的具体问题,采取相应的措施,提高客户服务水平。送货环节出现的问题、原因及对策如表 7-16 所示。

表 7-16 送货环节出现的问题、原因及对策

常见问题	原因	对策
送货时间太长	①送货路程太远; ②运输工具速度太慢; ③配送作业流程不合理; ④送货路线规划不合理; ⑤承诺的送货时间太短	①与其他配送中心进行共同配送; ②选择小型送货车辆; ③调整配送作业流程; ④重新规划送货路线; ⑤将承诺的送货时间适当延长,但要有竞争力
送货不及时,往往延迟	①送货时间估计不准确; ②配送时限管理不严; ③送货车辆和人员调度不当	①重新测算送货所需时间; ②严格执行配送管理制度,合理调度送货车辆和人员;也可以将送货外包出去
送货时间不稳定	①配送管理无章可循; ②配送作业流程不规范; ③配送车辆维护差; ④配送人员业务素质不稳定; ⑤配送作业波动大	①制定严格的配送管理规章制度和作业规范; ②重新规划送货路线; ③严格配送车辆的检修和保养制度; ④加强配送人员培训; ⑤合理安排配送资源,降低配送需求波动对配送作业的影响

2.送货作业的特点

送货作业具有以下特点。

(1)时效性

时效性即确保能在指定的时间内交货,这是流通行业中客户最重视的因素。

(2)可靠性

可靠性即要求将货物完好无损地送到目的地。

(3)沟通性

沟通性即配送人员通过送货上门服务直接与客户接触,它代表着公司的形象和声誉。配送人员与客户的沟通起着非常重要的作用。

(4)便利性

便利性即尽可能通过采用高弹性的送货系统,如采用急送货、顺道送货与退货、辅助资源回收等方式,为客户提供真正意义上的便利服务。

(5)经济性

经济性即送货不仅要满足客户的要求,提供高质量、及时方便的配送服务,还必须提高配送效率,加强成本管理与控制。

7.3.2 退换货处理

退换货作业涉及退换货商品的接收和退换货商品的处理,而退换货商品的处理,还包括退换货商品的分类、整理、退还供货商、报废销毁及重新入账。退换货作业流程如图7-9所示。

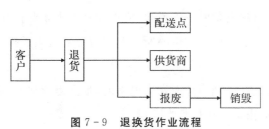

图7-9 退换货作业流程

1.退换货的原因

退换货的原因是多方面的:有的是发货人在按订单发货时发生错误;有的是在运输途中产品损坏;有的是客户在订货时发生错误,比如写错了产品的零部件编号;有的是产品本身有缺损等。

(1)瑕疵品回收

生产厂商在设计、制造过程中生产出有质量问题的商品,在已开始销售后,才由消费者或厂商自行发现有重大缺失,必须立即部分或全部回收,这种情形不常发生,但有时是不可避免的。从物流企业的角度来说,必须立即将消息传达给所有客户,而且要采取最快速的方法将商品收回,集中处理。在此类事件中,物流中心虽不会有直接的成本损失,但快速地配合,可使损害程度降低,增进与厂商及客户间的关系,也是物流中心处理意外事件的能力的体现。

(2)搬运中损坏

由于包装不良或搬运中剧烈震动,造成商品破损或包装污损,这时必须重新研究包装材料的材质、包装方式和搬运过程中各项上、下货动作,找出真正原因并加以改善。

(3)商品送错退回

物流中心本身处理不当所产生的问题,如拣货不确切或条形码、出货单等处理错误,使客户收到的商品种类或数量与订单不符,必须换货或退回时,必须立即处理,减少客户抱怨。但更重要的是,查核资讯传达过程中所出现的问题,可能的原因有订单接受时就产生错误,或是拣货错误、出货单贴错、装错车等。找出原因后,配送中心应立即采取有效的措施。例如,在常出错的地方增加控制点,以提高正确率。

(4)商品过期退回

商品都有有效期限,为了保证消费者的利益,要从货架上卸下过期的货品,不可再卖,更不可更改到期日。过期商品的处理,必须找合格的丢弃物处理商处理。由回收到销毁,均需投入许多成本,所以要事前准确地分析商品的需求,或以多次、少量配送,以减少过期商品的产生。而认真地分析过期商品产生的原因,提前提醒进货商或零售商,或要求客户分担部分处理费用,是解决商品被退回的根本方法。

2. 退换货的处理方法

(1)无条件重新发货

对于因为发货人按订单发货时发生错误,应由发货人重新调整发货方案,将错发货物调回,并重新按原正确订单发货,中间发生的所有费用应由发货人承担。

(2)运输单位赔偿

对于因为运输途中产品受到损坏而发生退货的,根据退货情况,由发货人确定所需的修理费用或赔偿金额,然后由运输单位负责赔偿。

(3)收取费用,重新发货

对于因为客户订货有误而发生退货的,退货产生的所有费用由客户承担,退货后,再根据客户提供的新的订货单重新发货。

(4)重新发货或替代

对于因为产品有缺陷,客户要求退货的情况,配送中心接到退货指示后,营业人员应安排车辆收回退货商品,将商品集中到仓库退货处理区进行处理。一旦产品回收完,生产厂家及其销售部门就应立即采取行动,使用没有缺陷的同一种产品或替代品重新填补零售商店的货架。

3. 退换货的注意事项

退货处理对生产厂家和流通网络中的各方来说都是一件极其严重的事情。高层管理部门应参与回收产品的一切活动,其他有关人员包括企业的法律人员、会计人员、公关人员、质量管理人员、制造工程人员及销售人员也都应参与。并且,企业应选派专人负责处理产品回收事件,制定一些预防措施。这样不仅能更好地应对紧急情况,而且在产品回收事件处理不成功,要诉诸法律时,企业可以将已采取的预防措施作为申辩的一部分内容。

▶ 知识链接

退货作为为客户提供的配送服务的一部分,企业应建立一定的程序对退货的处理、检查和准许等事项做出规定。

4. 退换货的管理

首先,应该建立健全的退换货管理制度;其次,在出现退换货时,应当分析退换货原因,采用正确的方法处理退换货;最后,加强对员工关于退换货管理制度的培训。

▶ 小组模拟训练

(1) 训练目标

正确分析如何装载使车辆的载重量能力和车厢容积都被充分利用。

(2) 岗位角色

将全班学生分组,每组 6~8 人。

(3) 训练内容

解答本节"案例导入"提出的问题。

(4) 训练步骤

1) 各小组完成送货退货软件的操作。

2) 各小组讨论"案例导入"1 中提出的问题。

3) 各小组讨论"案例导入"2 中提出的问题。

4) 各小组制作 PPT 课件。

5) 分小组进行作品展示。

6) 教师点评,并为各小组评分。

(5) 注意事项

1) 小组成员要相互配合,充分发挥团队精神。

2) 制作的单证要规范。

3) 各小组要能够解说自己的作业。

(6) 考核标准

考核评分表如表 7-17 所示。

表 7-17 考核评分表

考评人		被考评人	
考评地点		考核时间	
考评内容	送货处理实训		
考评标准	具体内容	分值	实际得分
	积载计算是否正确	30	
	退货案例分析是否正确	30	
	PPT 制作是否精美	20	
	作业的讲解效果	10	
	问题的回答情况	10	
	合计	100	

本 章 小 结

配送作业过程是为实现特定物流目标进行的系列有序活动的整体。配送作业过程包括订单处理与备货、拣货与配送作业、送货与退换货作业。本章详细介绍了订单处理、备货作业流程及其改善方法,拣货作业的拣货方法、拣货策略、拣货步骤、补货等,配货作业流程及其业务内容,送货作业的车辆调度、车辆积载、运送、送达服务与交割和费用结算,退换货的原因、处理方法、注意事项及退换货的管理。

参考文献

[1] 程国全,王转,鲍新中.现代物流网络与设施[M].北京:首都经济贸易大学出版社,2004.

[2] 傅莉萍.物流设施与设备[M].北京:科学出版社,2015.

[3] 蓝仁昌.仓储与配送实务[M].北京:中国物资出版社,2011.

[4] 劳动和社会保障部教材办公室.物流仓储与配送管理实训[M].北京:中国劳动社会保障出版社,2006.

[5] 李俊梅,孙明贺.仓储与配送实训指导书[M].北京:中国财富出版社,2015.

[6] 李守斌.配送作业实务[M].2版.北京:机械工业出版社,2011.

[7] 彭建成,张平.仓储与配送作业实务[M].北京:清华大学出版社,2012.

[8] 祁洪祥.配送管理[M].南京:东南大学出版社,2006.

[9] 人力资源和社会保障部职业技能鉴定中心.物流师(仓储管理)国家题库技能实训指导手册[M].北京:科学出版社,2010.

[10] 孙明贺,李洪奎.仓储管理[M].2版.北京:机械工业出版社,2013.

[11] 孙信成.物流单证实务[M].北京:高等教育出版社,2015.

[12] 谭刚,姚振美.仓储与配送管理[M].北京:中央广播电视大学出版社,2005.

[13] 许小英,王燕.配送实务[M].北京:中国劳动社会保障出版社,2006.

[14] 郑克俊.仓储与配送管理[M].3版.北京:科学出版社,2014.